물질의 복을 받는 비결

최민호 그림

이 소중한 책을

특별히 _____ 님께

드립니다.

물질의 복을 받는 비결

Secrets of Financial Blessing

Johan Du Toit 지음
구영훈 옮김

나침반

서문

차원 높은 풍성한 축복

나는 이 책을 통해 우리가 신앙생활을 하는 동안 성경 말씀을 심각하게 왜곡하며 잘못 이해하는 부분에 대해 바로잡고 그 속에 숨은 진리가 무엇인지 밝히기 위해 노력했습니다. 우리는 이러한 왜곡된 생각을 교회 안에서 다시 새롭게 적용하려고 수년간 노력했고 그 노력이 헛되지 않았다는 것도 알게 되었습니다. 우리 교회는 비록 작은 교회였지만 어떤 형태로든 항상 많은 축복을 누리며 지내왔습니다.

우리가 가진 역량의 크기가 우리의 재정적인 능력의 크기와 반드시 비례하는 것은 아닙니다.

하나님께서는 교인 수가 몇 명인지? 헌금이 얼마인지? 등의 숫자를 보시는 분이 아니라 그분의 말씀에 대한 우리의 믿음을 더 원하시는 분입니다.

우리 교회의 축복은 곧 구성원들의 축복과 밀접한 관련이 있습니다. 이러한 입증된 원리를 믿음으로 받아들일 때 우리 역시 우리의 삶에 대한 하나님의 차원 높은 풍성한 축복의 여행을 시작할 수 있습니다.

마태복음 4장 4절에서 예수님께서 마귀에게 **"기록 되었으되 사람이 떡으로만 살 것이 아니요 하나님의 입으로 나오는 모든 말씀으로 살 것이라 하였느니라"**라고 말씀하셨는데 이는 대부분의 신자들이 전혀 생각하지 못하는 축복의 비밀에 대해 언급하신 것입니다.

하나님께서는 만물을 말씀으로 창조하셨습니다(히브리서 1장 3절). 진리에 비밀이 숨겨져 있듯이

빤히 보이지만 우리가 놓치기 쉬운 방법을 하나님께서는 가지고 계십니다. 이 진리는 우리를 풍성한 삶으로 이끄는 감추어진 열쇠인데 이것은 우리에게서 나온 것이 아닙니다.

> "이는 내 생각이 너희의 생각과 다르며 내 길은 너희의 길과 다름이니라 여호와의 말씀이니라 이는 하늘이 땅보다 높음 같이 내 길은 너희의 길보다 높으며 내 생각은 너희의 생각보다 높음이니라"(이사야 55장 8-9절)

하나님께서는 이사야 선지자를 통해 사람에게 가장 큰 딜레마가 무엇인지 말씀하시고 설명해 주십니다. 즉 하나님의 생각과 우리의 생각, 그리고 하나님의 방법과 우리의 방법에는 커다란 차이가 있다는 것입니다.

아담이 타락한 이후부터 우리는 이러한 모순으로 인해 고통받아왔습니다. 하나님은 당신의 형상으로 사람을 지으셨으며 그 사람이 타락하기 전에는 직접 사람과 함께 동행하여 주셨고 모든 피조물 중에서 가장 높은 자리에 두셨습니다. Merriam-Webster사전에 따르면 동행 즉 우정은 "동등한 친구"관계를 말합니다. 하나님은 모든 창조물들 중에서 오직 사람과만 교제하셨습니다.

하나님의 생각과 방법은 타락한 우리보다 훨씬 위에 있기 때문에 한참 아래에 있는 우리는 그분의 뜻을 알지 못해 온갖 수고와 고초가 있는 고단한 삶을 꾸려가고 있습니다. 축복의 열쇠가 바로 우리 눈앞에 있는데도 우리는 전 역사를 통틀어 결핍으로 인한 고통을 해결해 줄 방법과 공식을 찾고 있었던 것입니다.

"이는 비와 눈이 하늘로부터 내려서 그리로 돌아가지 아니하고 땅을 적셔서 소출이 나게 하며 싹이 나게 하여 파종하는 자에게는 종자를 주며 먹는 자에게는 양식을 줌과 같이 내 입에서 나가는 말도 이와 같이 헛되이 내게로 되돌아오지 아니하고 나의 기뻐하

는 뜻을 이루며 내가 보낸 일에 형통함이니라"(이사야 55장 10-11절)

하나님의 말씀만이 그 간격을 좁힐 수 있습니다. 만약 하나님의 말씀이 사실이라면 우리는 그분을 의심할 이유가 없으며 생계를 위해 다른 방법을 모색할 필요가 없습니다.

"**회개하라**(우리의 생각을 바꾸라) **천국이 가까 왔느니라**"(마태복음 3장 2절)고 외치는 세례 요한의 소리를 시작으로 신약이 시작됩니다. 예수님은 세례를 받으신 후 나가셔서 거의 같은 메시지를 설교하셨습니다.

우리는 어둠의 세력 아래에서 가졌던 생각과 언어 그리고 문화를 가지고 하나님 나라에 들어갈 수 없습니다. 우리는 어둠의 세력으로부터 구속되었기에 우리가 알지 못하는 것을 받아들이지 말아야 합니다. 하나님 나라에는 우리가 예상치 못한 놀라운 혜택들이 우리를 기다리고 있기 때문입니다.

그렇다면 주님의 길을 걸어가기 전에 반드시 우리의 생각을 바꾸어 하나님의 생각과 일치시켜야 합니다. 모든 행동에는 생각이 선행됩니다. 그러므로 우리의 태도와 행동이 생각의 산물이라는 사실을 인식하여 우리의 삶을 바꾸기 전에 먼저 생각을 바꾸어야 합니다.

우리는 우리와는 차원이 다른 높은 수준의 주님의 생각을 성경 말씀을 통해 알 수 있습니다. 그렇다고 우리가 주님의 생각을 항상 이해할 수 있는 것은 아니지만 적어도 믿음으로 순종할 수는 있습니다. 아쉽게도 마음이 거듭나지 않은 사람의 경우 하나님의 생각이 "합리적"이지 않아 보이기에 거부하는 경향이 있습니다. 그러나 그것이 감추어진 하나님의 축복(큰 복)의 비밀을 푸는 열쇠이기도 합니다.

많은 사람들은 이 세상 자체가 이미 타락하고 부패한 문화로 형성되어 있기 때문에 끊임없이 낮은 수준의 길을 걸어갈 수밖에 없다고 합니다. 그렇지만 우리는 생각을 바꾸어 높은 차원의 하나님의 길로 걸어갈 수 있습니다.

마태복음 13장 씨뿌리는 자의 비유에서 예수님은 하나님 또는 영적인 것과 관련된 어떠한 성경 구절이나 단어들을 언급하지 않으셨습니다. 예수님은 매일 일어나는 일상적인 평범한 활동에 대해 명쾌하게 말씀하셨습니다. 후에 제자들이 그 비유에 대해 질문했을 때 비로소 숨겨진 진리에 대해 언급하셨습니다.

"대답하여 이르시되 천국의 비밀을 아는 것이 너희에게는 허락되었으나 그들에게는 아니되었나니"(마태복음 13장 11절)

진리에 그 비밀이 숨겨져 있습니다. 그것을 이

해하는 능력이 우리에게 주어졌기에 우리가 그것을 알 수 있다고 예수님은 말씀하셨습니다. 수많은 사람들이 말씀을 듣기 위해 찾아와서 예수님이 말씀하신 비유를 들었지만 그 비유 안에 있는 숨겨진 비밀은 제자들만 들을 수 있었습니다. 그것은 오늘날도 동일하게 적용됩니다.

어떤 사람들은 이야기를 듣고, 다른 어떤 사람들은 설교를 듣지만, 또 다른 어떤 사람들은 천국의 풍요로움을 열어주는 열쇠인 숨겨진 진리를 듣습니다. 수없이 읽었으나 수년 동안 의미를 깨닫지 못하고 놓쳐버린 것에 대해 예수님은 말씀하십니다.

"무릇 있는 자는 받아 넉넉하게 되되 없는 자는 그 있는 것도 빼앗기리라" (마태복음 13장 12절)

위의 말씀은 누가 무엇을 가졌든 상관없다는 뜻일까요?

이 신비 속에 감춰진 진리 즉 씨 뿌리는 자의 비유에서 감추어진 진리는 이것입니다. 곧 말씀은 번식할 잠재력을 가지고 있는 씨앗과 같으며 모든 씨앗처럼 무한히 생산할 수 있는 능력을 가지고 있다는 것입니다.

하나님은 이사야를 통해 하나님의 말씀은 결코 헛되이 돌아가지 않을 것이며 그분이 보내신 것을 통해 성취하시겠다고 말씀하시고 선언하셨습니다. 잠재력은 숨겨진 능력을 말하며, 말씀은 잠재력으로 가득 차있습니다. 예수님의 말씀을 다른 말로 표현하자면 "이 비밀에 대해 아는 사람에게는 더 많은 것이 주어질 것이고… 그는 풍성하게 될 것이다"라고 말할 수 있을 것입니다.

하나님의 나라는 풍요의 나라입니다. 예수님께서는 또한 요한복음 10장 10절에서 "**내가 온 것은 양으로 생명을 얻게 하고 더 풍성히 얻게 하려는 것이라**"라고 말씀하셨습니다.

이 책은 물질의 축복을 받을 수 있도록 52개의 생명을 주는 비밀이 포함되어 있고 지역 교회에서 매주 공부하며 읽을 수 있는 교재로 만들어졌습니다.

나는 이 책을 통해 하나님의 지혜로 우리의 생각이 빚어져 가고 점점 더 그분의 말씀의 가르침 안에 거하게 될 줄을 믿습니다.

"좋은 땅에 뿌려졌다는 것은 말씀을 듣고 깨닫는 자니 결실하여 어떤 것은 백 배, 어떤 것은 육십 배, 어떤 것은 삼십 배가 되느니라 하시더라"(마태복음 13장 23절)

- 지은이 Johan Du Toit

출간을 기뻐하며

몇 년 전, 나는 하나님 나라 자녀로서 재정을 어떻게 관리하는 것이 좋을지 그 방법을 찾기 위해서 노력했습니다. **하나님은 돈에 대해 어떻게 생각하시는지, 하나님의 관점을 알고 싶어서 지혜를 달라고 주님께 기도했습니다.** 그 후 얼마 되지 않아 Johan du Toit 목사님을 통해 진리를 찾았습니다. 내가 알고 싶어 하는 부, 번영, 재정에 관한 모든 것이 그의 손에 있는 성경 속에 있었습니다. 그날 저녁, 지금도 결코 잊을 수 없는 힘주어 건넨 그의 한마디는 "돈을 위해 기도하지 않는다. 돈을 얻는 방법은 돈을 주는 것이다"였습니다.

이 책은 성경적인 핵심 키워드(Key word)들을 잘 설명하여 우리가 풍성하게 번영하고, 무엇보다 하나님을 충분히 알 수 있도록 제시해주셨습니다. - Tony Bruccoleri(교인, 캐나다)

나는 18년 동안 Johan Du Toit 목사님과 알고 지냈는데 그가 관여했던 모든 사역에서 항상 재정적으로 번창했던 것을 보아왔습니다.

이 책은 복음 사역자들에게 교회의 재정적 드림에 관한 성경적 원칙을 바르게 가르칠 수 있는 귀중한 도구가 될 것입니다. 또한 하나님의 사업에 어떻게 헌신할 것인가에 대한 성경적 지침을 제공하여 각자의 삶에서 풍성한 수확을 거둘 수 있는 비법을 제시해 줍니다.

- Willie Smit 박사(Leopoldsburg, 벨기에)

임팩트(Impact)란 어떤 것 혹은 누군가에게 즉각적이고 강한 영향을 끼친다는 것을 의미합니다.

하나님의 말씀은 영향을 끼치는 강한 능력을 가지고 있습니다. "진리의 말씀을 올바르게 나누어서 강한 영향력을 만드는 능력"을 가진 하나님의 사람들이 있습니다. 당신은 당신의 인생과 당신의 재정에 강력하고 즉각적인 영향을 줄 책을 손에 들고 있습니다. 그 속에 강한 임팩트가 있습니다. 그리스도인 생활의 핵심 특징 중 하나는 "주는 사람"이 되는 것입니다. 안타깝게도 오늘날 많은 신자들이 "주라"는 의미에 대해 오해를 하고 있습니다. 그러나 다행스럽게도 Johan du Toit 목사님의 〈물질의 축복을 받는 비밀〉을 통해 잘못된 부분을 교정하고 밝힘으로써 그 오해를 제거할 수 있게 해줍니다.
- Pastor Sylvia Wright(Nichols, New York, 미국)

하나님께서는 우리가 번영하기를 원하십니다. 왜냐하면 그분은 선하시며 그분의 인자하심이 영원하기 때문입니다. 그것은 우리의 주님이시고 구세주이신 예수 그리스도의 희생을 통해 이루어졌습니다. 이제 우리는 그분의 축복을 맛볼 수 있습니다.

축복은 강력합니다. 나누는 것에 대한 당신의 생각이 종교적인 사고방식에서 하나님의 사고방식으로 변화될 것입니다.
- Pastor Donato Anzalone(Living Word Christian Center Lugano, 스위스)

Johan 목사님이 쓴 책을 읽을 때마다 그는 자기가 가르치고 설교하고 글로 쓴 모든 것대로 살아가고 있다는 것을 느낍니다. 그에게 삶과 사역은 이론이 아니라 삶이며 실제적인 본보기로 살아가고 있습니다.

주님이 주신 그분의 지혜로 지금 그는 많은 사람을 주님의 제자로 삼고 있으며 하나님 나라의 효과적이고 살아있는 증인으로 사용되고 있습니다.

이 책을 통해 의심의 여지없이 당신이 승리하는 삶과 풍요로운 삶을 사는 데 필요한 진실을 발견하도록 도와줄 것입니다.
- Pastor Hohan Carstens(Founder, MarketPlace Ministeries, 남아프리카)

목차

서문 차원 높은 풍성한 축복　　*5*
출간을 기뻐하며　　*15*

1. 드림의 축복… 나누는 것이 복이다	*23*
2. 품격 있는 예배	*26*
3. 씨 뿌리기와 거두기	*29*
4. 눈물로 씨 뿌리기	*32*
5. 첫 열매	*35*
6. 교환	*38*
7. 당신이 나누어야 할 것과 지켜야 할 것	*42*
8. 나누는 것, 얻는 것, 부자 되는 것	*45*
9. 어리석은 부자	*49*
10. 헛된 투자	*53*
11. 즐거운 드림	*56*
12. 주님을 위해 준비하기	*59*
13. 바람이 불고 구름이 낄 때	*62*
14. 헌금하지 말아야 할 때	*65*
15. 하나님이 계산하시니 우리도 계산하기	*68*

16. 아주 강력한 원리   *72*
17. 신약에서의 십일조   *76*
18. 수익성 있는 투자   *79*
19. 그분은 가난하게 되시고 우리는 부요하게 되다   *83*
20. 자발적인 연보   *87*
21. 돈을 사랑함   *90*
22. 하나님의 복 나누기   *93*
23. 돈의 힘   *96*
24. 가격 매기기   *99*
25. 자발적인 헌물   *103*
26. 더 나은 제사   *106*
27. 적절한 협약   *109*
28. 탐욕에 대한 하나님의 해결책   *112*
29. 부를 주시는 목적   *115*
30. 당신의 계좌 불리기   *119*
31. 하나님께서 당신의 모든 필요를 채우실 것입니다   *122*
32. 궁핍한 자를 돌보아야 할지 말지는 당신에게 달려있습니다   *125*
33. 내면 살펴보기   *128*
34. 영원한 보물   *132*
35. 그리스도의 복음 고백하기   *135*

36. 당신의 재산 축적하기	138
37. 의의 열매를 맺기	143
38. 돈을 사랑하는 자	146
39. 두 종류의 부자	149
40. 왕과 함께 하는 청중	152
41. 하나님 앞에 기억하신 바 된 사람	155
42. 거절된 예물	158
43. 정직하게 드리기	161
44. 주는 자와 받는 자	164
45. 여호와 이레 "주님이 준비하실 것입니다"	167
46. 하나님은 주시는 분이시다… 그러나 또 취하시는 분이실까?	171
47. 왕을 공경하기 위해	174
48. 그분에게 초점 맞추기	176
49. 진정한 부자	179
50. 흩어 구제하여도 더욱 부하게 되는 것	184
51. 하나님을 시험하라	188
52. 사람으로부터 받는 보상과 하나님으로부터 받는 보상	191

1

드림의 축복… 나누는 것이 복이다

"범사에 여러분에게 모본을 보여준 바와 같이 수고하여 약한 사람들을 돕고 또 주 예수께서 친히 말씀하신 바 주는 것이 받는 것보다 복이 있다 하심을 기억하여야 할지니라"(사도행전 20장 35절)

바울은 사역자였지만 바울 자신과 또 그와 함께 동역하는 자를 위해 때로는 일을 했습니다. 우리는 바울이 천막을 만들어 무역했던 사실을 압니다. 그는 자신의 부를 축적하기 위해 일한 것이 아니라 약한 자를 돕고 자신은 물론 자신의 사역을 돕는 자를 돌아보아 복음을 전하는 이방인들에게 짐이 되지 않기 위해 노력했습니다.

주는 것이 받는 것보다 더 복이 됩니다.
이것이 곧 믿음을 실행으로 옮기는 것입니다.

하나님 나라의 문화는 하나님이 예시를 보여주신 것처럼, 주는 방법이 독특합니다. 그분은 항상 우리를 위해 당신의 것을 주셨습니다. 그분이 주신 축복을 몇 가지만 언급하자면 그분은 우리 영혼을 위해 그분의 아들을 대속물로 주셨고 그분의 자비는 매일 아침마다 새롭습니다. 지구상의 모든 이에게 자신의 삶을 영위하고 생계를 유지할 수 있도록 재능과 기술을 주십니다. 그리고 그분은 평강과 영원한 생명을 우리에게 주십니다.

한때 내 친구 중 한 명이 만약 자기가 하나님에게 이름을 지어드린다면, 그는 하나님의 이름을

"베푸시는 분(Giver)"이라고 부를 것이라고 말했습니다. 바울은 우리가 어떻게 약자를 도울 수 있는지를 자신이 직접 일을 함으로써 몸소 보여주었습니다. 또한 우리의 필요에 대해서 하나님의 약속을 어떻게 받아들이고 믿음을 키우는지에 대해서 바울이 가르쳐주었다고 나는 믿습니다. 바울은 또한 그들을 돕기 위해 직접 일을 함으로써 실제적인 방법으로 그들에게 다가갔습니다.

"주 예수께서 친히 말씀하신 바, 주는 것이 받는 것보다 복이 있다 하심을 기억하여야 할 지니라."

바울은 그렇게 믿었고 또 그렇게 살았고, 매일의 일상에서 그대로 적용했습니다. 이것이 믿음이 실행되는 방법입니다. 우리가 믿는다면 실행해야 합니다. 그런 다음 하나님의 큰 복이 주어지기를 기대하십시오.

2

품격 있는 예배

"너희 대적을 네 손에 붙이신 지극히 높으신 하나님을 찬송할지로다 하매 아브람이 그 얻은 것에서 십분의 일을 멜기세덱에게 주었더라"(창세기 14장 20절)

이 구절은 성경 속에서 십일조가 처음으로 언급된 기록이며 율법이 주어지기 400년 전에 있었던 일입니다. 십분의 일을 바치라고 어느 누가 말하기도 전에 아브라함은 자원하여 대제사장 멜기세덱에게 십일조를 바쳤습니다. 모든 믿음의 조상인 아브라함은 포로로 잡혀간 조카 롯을 구

출한 후 전리품의 십분의 일을 대제사장에게 바친 것입니다(로마서 4장 11절).

 수익의 십일조로 하나님을 경외할 때 당신에게는 더욱 의미 있는 예배 경험이 될 것입니다. 당신은 아브라함이 왜 십일조를 바쳤는지 궁금해한 적이 있습니까? 그것은 멜기세덱이 지상에서 하나님을 대표하는 자였고 또 대제사장이었기 때문입니다. 아브라함은 그의 승리에 대한 영광과 감사의 표시로 십일조를 바쳤습니다. 이것 역시 그가 더 가치 있는 예배를 드린 셈이 됩니다. 이 십일조는 온전히 자발적이었고 전례도 없었고 율법에 따른 것도 아니었으며 의무도 아니었기 때문입니다. 승리를 주신 하나님에 대한 감사와 신실한 마음으로부터 우러나온 존경의 표시였습니다.

 예배는 마음에서 우러나오는 신령과 진정으로

드려질 때 의미가 있습니다.

  옛 속담 중 "말로는 모든 것을 쉽게 할 수 있다"는 말이 있습니다. 그러나 예배를 더욱 가치 있게 하는 좋은 방법은 당신이 가진 재물을 당신이 말한 그곳에 드리는 것입니다.

  오늘을 사는 우리는 돈을 소중하게 여깁니다. 당신이 돈을 나누는 것은 곧 그 가치를 나누는 것입니다. 예배가 당신에게 어떤 의미가 있는 것이라면 주님에게도 역시 어떤 의미가 있을 것입니다. 수익의 십일조로 그분을 공경함으로써 우리의 예배를 보다 의미 있는 경험으로 만들어 봅시다.

3
씨 뿌리기와 거두기

"이것이 곧 적게 심는 자는 적게 거두고 많이 심는 자는 많이 거둔다 하는 말이로다"(고린도후서 9장 6절)

바울은 고린도후서 8장과 9장에서 돈에 관련된 문제를 씨 뿌리기와 거두기라는 익숙한 활동의 예시를 통해 어떻게 하나님의 경륜이 작동하는지 설명합니다. 그의 가르침은 씨를 뿌리지 않으면 거둘 수 없다는 일반적인 상식에 바탕을 두고 있습니다.

당신은 씨앗을 땅에 뿌리지도 않고 작물이 기적적으로 자라나기를 바라면서 들판에 앉아 기도하지는 않을 것입니다. 농부들은 씨앗을 뿌릴 때 더 이상 쓸모 없는 씨앗을 버린다는 생각을 가지고 씨를 뿌리는 것이 아니라 그 씨앗이 다시 돌아올 것이라는 것을 알고 있기 때문에 뿌립니다.

씨 뿌리기와 거두기는 당신이 뿌린 만큼 몇 배가 되어 돌아온다는 원리이며, 이것이 바로 농부들이 생계를 이어가는 방식입니다.

다시 말해서 씨 뿌리기와 거두기는 당신이 뿌린 만큼 배로 거둘 것이라는 원리이며 이것이 주님의 지상명령 성취를 가능하게 만드는 원리입니다. 씨 뿌리기와 거두기의 또다른 법칙은 당신이 뿌린 것만 거둔다는 것입니다. 콩 작물을 거두기를 원하면 반드시 콩 씨앗을 뿌려야 합니다.

"땅이 풀과 각기 종류대로 씨 맺는 채소와 각기 종류대로 씨 가진 열매 맺는 나무를 내니…"(창세기 1장

11-12절 참조)

사과는 사과를 생산해 내고 양은 양을 생산해 내고 돈은 돈을 생산해 냅니다. 왜 바울은 돈을 드리는 것을 씨 뿌리기와 거두기에 비교했을까요? 이것이 주님께서 복음을 전파하는데 필요한 돈을 주시는 방식이기 때문입니다. 만약 우리가 돌려받는 것 없이 주기만 한다면 온 세상에 복음을 전하는 우리의 노력이 심히 제한될 수 있을 것입니다. 돈을 주는 것과 갑절로 돌려받는 것은 지상명령 성취를 가능하게 만듭니다.

바울은 뿌린 것에 비례하여 수확한다고 말합니다. 우리가 인색하게 뿌린다면 인색하게 거둘 것이며, 반대로 풍성하게 뿌리면 풍성하게 거둘 것입니다. 결국 마지막 날에 우리가 뿌린 대로 우리의 재정적인 수확의 크기가 드러날 것입니다.

4
눈물로 씨 뿌리기

"눈물을 흘리며 씨를 뿌리는 자는 기쁨으로 거두리로다 울며 씨를 뿌리러 나가는 자는 반드시 기쁨으로 그 곡식 단을 가지고 돌아오리로다"(시편 126편 5-6절)

파종할 씨앗이 부족하다면 씨를 뿌리는데 어려울 수 있습니다. 이 시편은 그러한 어려운 시기의 상황을 그려줍니다. 가족들은 먹을 양식이 없어 궁핍에 처해있지만 내일을 위해 반드시 씨를 뿌려야만 하는 농부가 있습니다. 그는 씨앗을 뿌려야 할지, 아니면 그 씨앗을 당장 필요한 양식으로 사용해야 할지 어려운 결정을 해야 할 난감한 처지에 있습니다. 당장 가족의 필요를 채워 줄 수도 있고 아니면 당분간은 가족의 필요를 채워주지 못할지라도 수확을 기대하면서 믿음으로 씨를 뿌릴 수도 있을 것입니다.

만약 우리가 씨를 뿌린다면 반드시 믿음으로 뿌려야 합니다. 그러한 결정을 내는데 믿음과 소망이 도움이 됩니다. 그는 기쁨으로 수확하게 될 것이라는 것을 알고 나가서 울며 씨를 뿌립니다. 과거의 상황을 돌이켜 봤을 때 비록 현재 상황은 비통하나, 머지않아 기쁨으로 수확하게 될 것이라고 그는 미리 내다본 것입니다.

씨를 뿌릴 때 우리는 반드시 믿음으로 뿌려야 합니다. 하나님은 로마서 1장 17절에서 우리가 믿음으로 살도록 명령하셨습니다. 만약 우리가 믿음으로 씨를 뿌리지 못한다면 차라리 씨를 뿌리지 않는 것이 낫습니다.

 가뭄과 기근이 심한 시기에 엘리야는 사르밧 과부에게 그녀의 마지막 남은 식량으로 자신을 공궤하라고 말했습니다(열왕기상 17장 8-16절). 이기적이고 불공평해 보이는 엘리야의 주문은 기근이 지속되는 동안 오히려 여인을 돌보게 만드는 강력한 원리로 작동하게 된 것입니다. 사르밧 과부는 믿음으로 자신이 가진 마지막 밀가루와 기름을 선지자를 공궤하는 것으로 씨를 뿌렸습니다. 그러자 뿌린 그 곡식과 동일한 곡식이 다시 그녀의 삶으로 쏟아져 들어왔으며 기근이 끝날 때까지 멈추지 않았습니다.

 마음껏 베풀 수 있는 여유로운 상황이 항상 지속되는 것은 아니지만 부족한 상황 가운데서 항상 믿음으로 나눌 수는 있습니다.

5

첫 열매

"네 재물과 네 소산물의 처음 익은 열매로 여호와를 공경하라 그리하면 네 창고가 가득히 차고 네 포도즙 틀에 새 포도즙이 넘치리라"(잠언 3장 9-10절)

우리에게 가장 중요한 것이 무엇인지 보려면 그것이 무엇이든 우리의 우선 순위 목록의 맨 위를 보면 알 수 있습니다. 사람들은 항상 질문합니다.

"당신은 총수입의 십일조를 합니까? 아니면 순수입의 십일조를 합니까?"

만약 당신이 하나님을 최우선 순위에 둔다

면, 아마도 당신은 총수입에서 세금을 공제하거나 다른 공제를 하기 전에 하나님께 드릴 것입니다. 우리는 수입이나 이익의 첫 열매를 드림으로써 주님을 공경할 수 있습니다.

처음 것은 하나님께 중요한 의미가 있습니다. 옛 언약의 시대에서 첫 열매는 하나님의 것이었습니다. 하나님은 모든 소산물의 처음 것을 요구하셨습니다. 가축의 태에서 난 처음 것은 하나님께 속해 있었고(출애굽기 13장 12절), 밀 수확의 첫 번째 곡식과 처음 익은 곡식으로 만들어 구운 빵은 하나님께 요제로 드려야 했습니다.

예수님은 우리에게 "**먼저 그의 나라와 그의 의를 구하라**"(마태복음 6장 33절)고 하셨습니다. 그렇다면 우리는 우리가 가진 것 중에서 두 번째로 좋은 것, 두 번째 순위에 있는 것으로 하나님을 공경해야 할까요?

우리는 월급이든 아니면 어떤 이익을 창출했든

지, 수입의 첫 열매를 하나님께 드릴 수 있습니다. 어떤 사람들은 모든 청구서를 먼저 지불하고 또 모든 재정적인 부채를 지불한 후 십일조를 "지불" 하지만 모든 것을 지불한 후에는 하나님께 드릴 십일조나 예물이 남아 있지 않은 상황이 너무나 자주 발생하게 됩니다. 우리는 우리의 수입이나 이익의 첫 열매를 드림으로써 주님을 공경할 수 있습니다. 또한 하나님을 공경하는 것을 그저 십일조를 바치는 것으로 나타내지 말아야 합니다.

솔로몬 왕의 경우에서 보자면 하나님은 솔로몬에게 영광으로 보상해 주셨습니다. 우리의 창고는 풍성하게 가득 차게 되고, 우리의 포도즙 틀 즉 오늘날의 저축과 투자 계좌는 흘러 넘칠 것입니다. 우리가 하나님과 역동적인 관계를 가지는 유일한 방법은 우리 삶의 모든 부분에서 항상 하나님을 최우선 순위에 두는 것입니다. 그것이 곧 그분을 존경하는 방법입니다.

6

교환

"모세의 율법에 곡식을 밟아 떠는 소에게 망을 씌우지 말라 기록하였으니 하나님께서 어찌 소들을 위하여 염려하심이냐 오로지 우리를 위하여 말씀하심이 아니냐 과연 우리를 위하여 기록된 것이니 밭 가는 자는 소망을 가지고 갈며 곡식 떠는 자는 함께 얻을 소망을 가지고 떠는 것이라"(고린도전서 9장 9-10절)

이것은 의심의 여지없이 우리를 위해 기록되었습니다. 밭을 가는 자는 소망을 가지고 쟁기질해야 하며 타작하는 자도 소망을 가지고 그 소망에 대한 기쁨에 함께 동참하게 해야 합니다.

"우리가 너희에게 신령한 것을 뿌렸은즉 너희의 육적인 것을 거두기로 과하다 하겠느냐"(고린도전서 9장 11절)

이스라엘 백성들이 약속의 땅에 들어갔을 때 레위인들은 제사장 직무 이외의 일을 할 수 없었기 때문에 가나안 땅을 기업으로 받지 못했습니다. 레위인들은 제사 직무를 수행하는 것이 그들의 유업이었으므로 모든 시간과 힘을 바쳐서 하나님의 일을 할 수 있었습니다. 목자는 양떼에게 "영적인 것들"을 뿌리고 대신 "물질적인 것들"을 양떼로부터 거둡니다.

위의 본문에서 사도 바울은 사역자들을 들판에서 쟁기질하는 소에 비유합니다. 그들은 하나님의 백성을 뜻하는 밭에서 일을 합니다. 소가 밭으로부터 먹이를 얻을 수 있도록 소에게 망을 씌우지 말아야 하는 것처럼, 사역자에게 망을 씌워서는 안되며 그들이 일하는 현장에서 먹이를 제공받을 수 있도록 해주어야 합니다.

신약시대를 살아가는 오늘날에는 교회의 사역자가 하나님의 종인 레위인의 자리에 대신 서있습니다. 비록 사역의 형태는 다소 바뀌었지만 지원하는 원칙은 그대로 남아있습니다. 사역자는 양떼에게 "영적인 것들"을 심고 그들로부터 "물질적인 것들"을 거두는 원리, 즉 적용은 다르지만 같은 원리의 교환이 일어난다고 바울은 설명합니다.

"이와 같이 주께서도 복음 전하는 자들이 복음으로 말미암아 살리라 명하셨느니라"(고린도전서 9장 14절)

하나님의 종들은 각별한 주의를 기울여 그들의 직무를 잘 완수할 수 있어야 하며 교회는 사역자에게 관대하게 헌금하여 세속적인 직업을 통해 버는 것과 맞먹는 봉급을 받을 수 있도록 잘 돌보아야 합니다.

사역자들이 그들의 가족을 잘 돌볼 수 있을 때 양무리들도 또한 잘 돌볼 수 있을 것입니다.

7

당신이 나누어야 할 것과 지켜야 할 것

"예수께서 헌금함을 대하여 앉으사 무리가 어떻게 헌금함에 돈 넣는가를 보실새 여러 부자는 많이 넣는데 한 가난한 과부는 와서 두 렙돈 곧 한 고드란트를 넣는지라 예수께서 제자들을 불러다가 이르시되 내가 진실로 너희에게 이르노니 이 가난한 과부는 헌금함에 넣는 모든 사람보다 많이 넣었도다 그들은 다 그 풍족한 중에서 넣었거니와 이 과부는 그 가난한 중에서 자기의 모든 소유 곧 생활비 전부를 넣었느니라 하시니라"(마가복음12장 4 - 44절)

"헌금의 좋은 모범"을 보인 가난한 과부에 대해 우리는 별로 관심을 두지 않지만 주님은 관심을 보이셨습니다. 예수님은 가난한 과부가 헌금함에 얼마만큼 바쳤는지 아셨고 헌금 후 그녀에게 남은 것이 없다는 것도 아셨습니다. 또한 예수님은 많은 부자들이 그들의 풍족한 가운데서 많이 넣는 것도 보셨습니다. 이 가난한 과부가 낸 헌금의 액수 때문이 아니라 헌금에 대한 그녀의 태도와 믿음으로 인해 주님께서 감명을 받으신 것입니다.

하나님께 드릴 것과 우리가 가지고 있어야 할 것 두 가지 문제에 대해 주님은 우리가 가진 모든 것을 주라고 가르치신 적이 없으셨지만 이 과부는 자발적으로 드린 것입니다. 우리는 그 과부가 왜 전부를 드렸는지 모르지만 적어도 그 과부가 자기를 돌보시는 하나님을 의지함으로 드렸다는 것은 이해할 수 있습니다.

나는 수년간의 사역 기간 동안 사람들이 자신의 것을 어떻게 드리는지 봐왔습니다. 때로는 복음을 위해 자신의 모든 것을 제단에 드리는 성도를 볼 때 마음이 아프기도 했습니다. 그러나 어려운 상황 가운데서 비록 작은 것일지라도 주님 앞에 믿음으로 드릴 때 그것이 어떻게 다시 되돌아오는지에 대해서도 보았습니다.

주님은 이 가난한 과부가 낸 헌금의 액수 때문이 아니라 그녀의 헌금에 대한 태도와 믿음으로 인해 감명을 받으신 것입니다. 헌금할 만큼 형편이 넉넉지 않다고 말하는 것은 결코 좋은 변명이 될 수 없습니다. 우리는 헌금할 것인지, 아니면 간직해야 할 것인지를 결정할 때 모든 것에 믿음으로 해야 합니다.

8
나누는 것, 얻는 것, 부자 되는 것

"스스로 부한 체하여도 아무 것도 없는 자가 있고 스스로 가난한 체하여도 재물이 많은 자가 있느니라"(잠언 13장 7절)

하나님 나라의 경제는 "믿음으로 드리는 원리"에 따라 운영됩니다. 드리고 나면 당신에게 남는 것이 적어진다는 것이 일반적인 상식이지만 이것은 하나님 나라 안에서 적용되는 방식이 아닙니다. 육적인 생각으로는 없는 가운데 드리는 것이 상식적으로 맞지 않기에 믿음이 결여된 기독교인은 믿지 않는 자와 별다른 차이를 보이지 않습니다. 돈을 비축하는 것이 반드시 부를 보장하지는 않습니다. 때로는 돈이 들어오는 것보다 더 빨리 사라질 수도 있기 때문입니다.

세계 주식시장의 컴퓨터 화면에서 '재물'(finance)이 사라질 것이라는 부정적 보고서는 오직 하나밖에 없습니다. 그런 반면에 인색하지 않게 드리면서 성실하게 살아가는 사람들은 자신들의 삶에 만족하면서 걱정없이 인생을 살아가는 것처럼 보입니다. 하나님은 그들이 계속해서 드릴 수 있도록 체계적으로 그들을 도우십니다. 하나님 나라의 사업을 위해 일하는 사람의 재정 흐름을 하나님이 왜 막으시겠습니까?

하나님이 부를 허락하실 때는 목적이 있습니다. 당신은 어떤 이유로 가난하게 되었다고 생각하시나요? 대부분의 사람들은 돈을 드리거나 헌금했기 때문이라고 말할 지도 모릅니다. 그러나 성경에서는 자신을 가난하게 하면 큰 부를 누릴 것이라고 말합니다. 그렇다면 드린 것 때문에 당신이 가난해진 것이 아니라는 뜻입니다. 그것은 하나님께서 큰 복을 주기 위한 하나님의 감추어진 비밀 중 하나입니다.

종교인들은 '부를 추구하는 것은 죄가 된다' 라는 말을 믿도록 가르칩니다. 그러나 "모든 나라에 가서 복음을 전하라"는 지상명령을 돈 없이는 성취하지 못한다는 것을 그들은 모르고 있는 것입니다(마태복음 28장 19절 참조).

복음은 무료입니다. 복음을 받아들이는 사람들은 무료로 받게 되지만 그 소식을 전하는 사람들이 그 값을 대신 지불합니다. 돈이 없으면 성경과 소책자를 인쇄할 수 없고 복음을 전하기 위해 모든 곳을 다닐 수도 없으며 배고픈 사람을 먹일 수도 없습니다.

하나님은 하나님 자신과 맺은 언약의 일환으로 아브라함을 부자로 만드셨습니다(창세기 14장 22-23절 참조). 이스라엘 백성들이 노예로 살았던 이집트를 떠날 때 그들의 손을 부요하게 하셨습니다. 그 이유는 광야에서 하나님의 장막을 세우도록 하기 위함이었습니다(출애굽기 12장 35-36절 참조).

하나님이 '부'를 주실 때는 그 목적이 있습니다. 돈을 남용하면 불행을 초래하지만 하나님의 목적을 위해서 사용한다면 우리는 믿음 안에서 우리 주님을 신뢰하며 우리를 통해서 그 부를 흘러넘치게 할 수 있습니다.

9
어리석은 부자

"하나님은 이르시되 어리석은 자여 오늘 밤에 네 영혼을 도로 찾으리니 그러면 네 준비한 것이 누구의 것이 되겠느냐 하셨으니"(누가복음 12장 20절)

누가복음 12장 16-21절의 비유는 자기 자신만을 위해 살아온 부자 농부에 대한 이야기입니다. 그는 자신의 재산을 주체할 수 없을 만큼의 매우 성공적인 부를 축적했습니다. 어느날 그는 모든 것을 저장할 수 있도록 곳간을 넓히기로 결심했습니다. 멋진 계획이었지만 오직 자신의 유익만을 추구하는 실수를 저지르고 말았습니다. 그래서 하나님은 바로 그날 밤에 그가 죽을 것이라고 말씀하셨고, 그가 열심히 일했던 것과는 달리 오히려 열심히 일을 하지 않는 자, 누군가가 그것을 취할 수도 있다고 말씀하셨습니다.

성공은 단지 재물을 모을 수 있는 능력만을 의미하지 않습니다. 재물을 현명하게 사용할 수 있는 지혜를 가지고 있어야 제대로 된 성공이라고 할 수 있습니다. 이 사람은 매우 성공적으로 부를 축적했으나 하나님은 그를 "어리석다"라고 하셨습니다. 아마도 다른 사람들은 그를 성공한 사람으로 보았을 수도 있는데 말입니다. 실제로 그는 그저 평범한 바보에 불과했습니다.

보는 것을 항상 얻을 수 있는 것은 아닙니다. 진정한 성공은 '하나님의 뜻을 행하는 것'입니다.

"이 세상도, 그 정욕도 지나가되 오직 하나님의 뜻을 행하는 자는 영원히 거하느니라"(요한일서 2장 17절)

이 비유에 나오는 사람도 아담과 똑같은 실수를 저질렀습니다. 즉 먹고 마시고 자신을 위해 즐거운 시간을 가지는 것만 생각했던 것입니다.

"우리 중에 누구든지 자기를 위하여 사는 자가 없고 자기를 위하여 죽는 자도 없도다"(로마서 14장 7절)

성공은 단지 재물을 얻는 능력만을 의미하는 것이 아니라 현명하게 부를 사용하는 지혜를 가지고 있는 것을 말합니다. 누가복음의 비유에 나오는 농부는 자신의 영원한 운명을 앗아간 실수를 저질렀는데, 그것이 그가 지상에서 가졌던 모든 재산을 잃는 것보다 훨씬 더 큰 손실이었습니다. 그는 오직 자기 자신의 유익을 위한 삶에만 초점을 두며 투자를 했는데 과연 자신은 얼마나 많은 즐거움을 누렸을까요?

오늘날에도 사람들은 여전히 이 사고 방식에 속고 있습니다. 현대인의 생활은 마치 편안함이 필수적인 조건인 것처럼 보일 정도로 편안함을 많이 누리고 있습니다. 그러나 이것이 결과적으로 영원을 준비하는 것을 잊어버리게 만들 수도 있습니다.

성공의 외형적인 모습은 위험한 속임수와 같습니다. 특히 영원한 운명을 그 대가로 치러야 할 수도 있습니다. 사람들이 어떻게 생각하는지는 그리 중요한 문제가 아닙니다. 단지 하나님이 우리를 어리석다고 말씀하시지 않게 하는 것이 더 중요합니다.

10
헛된 투자

"너희를 위하여 보물을 땅에 쌓아 두지 말라 거기는 좀과 동록이 해하며 도둑이 구멍을 뚫고 도둑질하느니라 오직 너희를 위하여 보물을 하늘에 쌓아 두라 거기는 좀이나 동록이 해하지 못하며 도둑이 구멍을 뚫지도 못하고 도둑질도 못하느니라 네 보물 있는 그 곳에는 네 마음도 있느니라"(마태복음 6장 19-21절)

우리는 수십억 달러 상당의 투자금액이 순식간에 사라지는 것을 목격할 수 있는 시대에 살고 있습니다. 공포와 탐욕의 세력이 취약한 주식시장을 주도하고 있습니다. 석유와 같은 단일 상품 가격의 상승 및 하락은 다른 모든 것의 가격에 영향을 미칠 가능성이 있습니다. 우리가 평생 모은 돈이 흔적없이 순식간에 사라질 수도 있습니다. 그러니 자의적으로 뭔가를 할 수 있는 기회가 주어졌을 때 영원을 준비하는 것을 잊지 말아야 합니다. 우리가 사는 세상이 고통스럽고 아슬아슬한 것이 냉엄한 현실입니다. 요즘의 금융시스템이 정교하다 할지라도 우리의 투자가 안전하다는 보장을 하지 못합니다.

예수님은 망가진 이 세상에서 사라지거나 없어질 것에 우리 자신을 위해 재물을 비축하지 말라고 상기시켜 주셨습니다. 우리의 삶은 이 세상이 전부가 아닙니다. 때문에 준비할 수 있는 기회가 있을 때 영원을 준비하는 것을 잊지 말아야 합니다. 우리는 자연세계와 초자연세계인 영적인 세계를 동시에 살아가고 있으며 반드시 양쪽 세계에서 결실을 맺어야 합니다.

보이는 것과 보이지 않는 것, 현재와 미래, 일시적인 것과 영원한 것 이들 두 세계가 동일하게 실재합니다. 예수님께서는 우리 마음이 있는 곳에 우리 보물이 있다고 말씀하셨습니다. 하나님의 보물은 돈이 아니라 사람에게 있음을 기억해야 합니다. 하나님의 보물 창고에 보화를 쌓을 수 있는 복음에 투자하면 우리도 영원토록 배당금을 받아 누릴 수 있습니다.

11

즐거운 드림

"각각 그 마음에 정한 대로 할 것이요 인색함으로나 억지로 하지 말지니 하나님은 즐겨 내는 자를 사랑하시느니라"(고린도후서 9장 7절)

어떤 명분이 있든 순간적인 충동이나 압박 때문에 드려서는 안됩니다. 우리가 부정적인 상태에 있을 때, 죄책감을 느낄 때, 또는 일을 먼저 생각하지 않을 때 종종 최악의 결정을 내리곤 합니다. 우리는 지금까지 자유의지를 누리는 복을 받아왔습니다. 왜냐하면 주님은 우리가 노예처럼 어쩔 수 없이 하는 것이 아니라 사랑으로 그분을 섬기는 것을 보고 싶어 하시기 때문입니다.

우리를 위선으로부터 보호하려면 즐겁게 드려야 합니다. 우리는 헌금을 할 때 예물에 대해 '마음을 다해' 할 수 있도록 시간을 가져야 합니다. 그렇다고 해서 항상 일정한 금액을 하라는 것이 아니라 하나님의 뜻에 따라 정확하게 하는 것이 주님에 대한 우리의 사랑을 의미 있는 방식으로 표현하는데 도움이 될 것입니다.

죄책감이든 추측이든 당신이 감당할 수 있는 것 이상을 드리게 되면, 기뻐하던 마음이 곧 슬픔으로 바뀌게 될 것이고 또 그런 상태는 주님을 영화롭게 하지도 않습니다. 하나님은 죄책감이나 마지못해 하는 마음을 원하지 않고 즐겁게 드리는 것을 좋아하십니다. 즐겁게 드려야 당신이 위선에 빠지지 않기 때문입니다.

하나님께서는 우리의 마음 자세를 더 중요하게 보십니다. 그분은 우리가 기쁨으로 하는지, 마지 못해 하는지 아시며 그분에 대한 사랑으로 감동되어 하는 것인지, 아니면 다른 어떤 동기를 가지고 드리는지 알고 계십니다.

나는 우리 각자가 무엇을 드릴 것인지를 결정하기 위해 충분한 시간을 할애하기를 원합니다. 그렇게 하면 속상해서 눈물 흘리는 일이 없을 것이며 속이 뒤틀리는 일도 없을 것이기 때문입니다.

12

주님을 위해 준비하기

"그 후에 예수께서 각 성과 마을에 두루 다니시며 하나님의 나라를 선포하시며 그 복음을 전하실새 열두 제자가 함께 하였고 또한 악귀를 쫓아내심과 병 고침을 받은 어떤 여자들 곧 일곱 귀신이 나간 자 막달라인이라 하는 마리아와 헤롯의 청지기 구사의 아내 요안나와 수산나와 다른 여러 여자가 함께 하여 자기들의 소유로 그들을 섬기더라"(누가복음 8장 1-3절)

주님께 무엇을 드려야 한다는 생각을 해 본적 있습니까? 그분이 우리의 공급자가 아닌가요?

글쎄요. 주님은 때때로 우리의 도움을 필요로 하십니다. 예수님은 각 성과 마을을 두루 다니시며 말씀을 전파하시고 가르치시고 도움이 필요한 사람에게 도움을 주셨습니다.

그분은 열두 명의 제자들과 함께 여행하셨는데 돌보아 주기에는 결코 적은 무리가 아니었습니다. 모든 사역을 하려면 경비가 필요하기 마련인데 예수님의 지상 사역도 예외는 아니었습니다. 두말할 나위 없이 그분의 사역을 지원해줄 누군가가 필요했습니다.

돈은 복음이 흘러가게 만들어 줍니다. 목사이면서 선교사로서 선교여행을 자주 하는 나는, 온 세계에 복음을 전하는 이 일이 만만찮은 비용이 드는 사업임을 잘 알고 있습니다. 복음을 전하기 위해 티켓이 필요하다고 항공사에 가서 티켓을 요구할 수 없으며, 호텔에 무료로 머물게 해달라고 할 수도 없습니다. 돈이 없으면 필요한 문헌을 복사할 수도 없고 심지어 성경책도 살 수 없습니다.

주님을 위해 드려진 돈은 모두 선교사를 위한 것입니다. 돈은 지구상에 닫혀 있는 곳이든, 열려 있는 곳이든 상관없이 복음이 흘러가게 만듭니다.

누가복음 8장의 여자들이 예수님을 만나기 전에는 마귀에게 묶여 있었습니다. 예수님의 사역이 지속되도록 하는 것이 얼마나 중요한지를 깨달았을 때, 그들의 삶은 변화되었고 그분을 위해 섬길 수 있었습니다. 우리도 그렇게 해야 합니다.

덫에 걸린 사람에게 복음의 좋은 소식과 함께 예수님이 다가가도록 도와줘야 합니다. 그분은 여전히 사람들에게 관심을 가지고 계시며 그 사람들을 도와주실 수 있습니다. 물질적인 돈이 영적인 일을 할 수 있게 만들 수 있습니다.

13

바람이 불고 구름이 낄 때

"풍세를 살펴보는 자는 파종하지 못할 것이요 구름만 바라보는 자는 거두지 못하리라"(전도서 11장 4절)

농부들이 땅에 씨앗을 뿌릴 때 그 해의 농사가 어찌될지 전혀 예측하지 못합니다. 그러나 그들은 적절한 때에 비가 내리고 작물을 수확하기에 이상적인 상황이 올 것이라고 믿으며 씨를 뿌립니다.

우리를 돌보는 것은 돈이 아니라 하나님이십니

다. 형편이 어려워 나눔을 하기에는 아직 이르다고 변명하는 성도들의 말들을 사역자들은 종종 듣게 됩니다. 그러나 헌금은 우리 사역자들에게 하는 것이 아니라 주님께 드리는 것이기에 그 변명을 알 필요가 없습니다. 진리는 간단합니다. 우리가 뿌리지 않았다면 거두기를 기대할 수 없습니다.

만약 우리가 바람과 구름의 상황만을 본다면 아마도 우리는 풍성한 수확을 위한 파종의 기회를 놓칠 수도 있을 것입니다. 우리가 풍족하기 때문에, 또는 심상치 않은 이 세상에서의 재정적 위협이 없기 때문에 드리는 것이 아닙니다. 또한 우리의 모든 필요가 채워졌기 때문도 아니며 청구서의 돈도 모두 지불했기 때문에 드리는 것이 아닙니다. 우리는 다만 주님을 공경하고 헌금이 어떻게 쓰일지 믿기 때문에 드리는 것입니다.

우리는 반드시 바람이 불고 구름이 끼는 상황 속에서도 씨를 뿌려야 합니다. 우리가 헌금함에 돈을 넣을 때, 좋은 농부처럼 믿음으로 씨를 뿌려야 하며 바람과 구름이 낀 상황과 상관없이 뿌려야 합니다.

농부의 믿음이 없다면 이 세상에 식량이 충분치 않을 것입니다.

궁극적으로 돈이 우리를 돌보는 것이 아니라 하나님이 돌보십니다. 주님은 잃어버린 사람에게 복음의 메시지가 전해지며 사람들이 회복될 수 있는 곳에 교회를 세우고 장비를 갖추고 하나님 나라의 대사를 파견할 수 있도록 하기 위해 우리의 믿음을 요구하십니다.

14
헌금하지 말아야 할 때

"그러므로 예물을 제단에 드리려다가 거기서 네 형제에게 원망들을 만한 일이 있는 것이 생각나거든 예물을 제단 앞에 두고 먼저 가서 형제와 화목하고 그 후에 와서 예물을 드리라"(마태복음 5장 23-24절)

헌금하는 것이 항상 옳은 것은 아닙니다. 하나님은 우리의 돈이 아니라 마음을 먼저 요구하신다는 사실을 기억해야 합니다. 그리고 우리의 마음이 하나님과 순전할 뿐 아니라 다른 사람들과 관련해서도 순수해야 합니다. 하나님을 향한 우리의 사랑이 다른 사람에게도 흘러야 합니다. 우리는 하나님이 사랑하시는 사람을 사랑하지 않으면서 하나님을 사랑할 수는 없습니다.

> "누구든지 하나님을 사랑하노라 하고 그 형제를 미워하면 이는 거짓말하는 자니 보는 바 그 형제를 사랑하지 아니하는 자는 보지 못하는 바 하나님을 사랑할 수 없느니라"(요한일서 4장 20절)

하나님은 우리의 돈에 의해 움직이시는 것이 아니라 우리의 믿음과 사랑에 의해 움직이십니다. 우리 내면의 마음 상황과는 상관없이 드리는 것 자체를 자랑스럽게 여기기는 매우 쉽습니다. 그러나 예수님은 만약 당신이 믿음의 동료들과 해결되지 않는 문제가 있는 상태라면 제단에 예물을 드리지 말라고 명령하십니다.

예수님은 예물을 제단 앞에 두고 먼저 가서 "**형제와 화목하라**"고 하십니다. 이것은 기독교에서의 일반적인 관습은 아니지만 마태복음 5장에서 주님이 명령하신 것입니다. 깨끗한 마음에서 나온다면 그 돈은 깨끗합니다. 그러나 순수한 마음에서 나온 것이 아니라면 제단에 예물을 가져올 필요가 없습니다. 예물의 가치는 액수가 아니라 우리 마음의 동기에 의해 결정됩니다. 하나님은 우리의 돈에 의해 움직이시는 것이 아니라 우리의 믿음과 사랑에 의해 움직이시기 때문입니다

이 명령에서 어려운 부분은, 비록 형제가 뭔가 반감을 가지고 있다는 것을 안다 할지라도 형제와 화해해야 할지, 화해하지 말아야 할지는 우리에게 달려있다는 것입니다. 우리가 헌금하는 돈보다 형제 간의 연합이 더 큰 힘을 갖고 있습니다. 예물을 드리는 자의 마음에서 서로에 대한 사랑이 흘러나와서 예물을 거룩하게 하면 주님은 기쁨의 향기를 더하여 주십니다.

15

하나님이 계산하시니 우리도 계산하기

"사람이 어찌 하나님의 것을 도둑질하겠느냐 그러나 너희는 나의 것을 도둑질하고도 말하기를 우리가 어떻게 주의 것을 도둑질하였나이까 하는도다 이는 곧 십일조와 봉헌물이라"(말라기 3장 8절)

나는 십대 청소년 시기에 내 조부의 목사님(My grandfather's pastor)으로부터 이런 설교를 들은 적이 있습니다.

"하나님이 숫자를 세고 계산하시며 하나님께서

는 숫자와 수치를 또한 중요하게 여기신다."

만약 우리가 그분과 함께 걷고 싶다면 하나님이 계산을 하시니 우리도 역시 그렇게 해야 한다고 하셨습니다.

혹시, 성경이 숫자와 수치를 얼마나 자주 언급하는지 알고 있습니까? 신실한 헌금에는 놀라운 약속이 함께 첨부되어 있습니다. 예수님께서는 떡 '5' 덩이와 물고기 '2' 마리로 '5,000'명을 먹여야 한다는 것을 아셨습니다. 그리고 그들은 먹은 후 남은 '12' 광주리를 가져왔습니다.

예수님은 가난한 과부가 헌금함에 동전 '2'개를 넣었고 그 후 남은 것이 하나도 없다 '0'는 것을 역시 아셨습니다.

예수님이 죽음에서 부활하신 후 제자들이 고기를 잡으러 갔을 때 그들이 아무것도 잡지 못했다는 것을 아시고, 배 오른편에 그물을 던지라고 말씀하셨습니다. 그리고 그들은 '153' 마리의 많은 물고기를 잡았습니다.

예수님께서는 '열'(10)명의 나병환자를 고쳐주셨지만 오직 '한'(1) 사람만 돌아와서 그분께 감사를 드렸습니다. 예수님은 그분과 베드로가 세금을 얼마나 내야 하는지 알고 계셨고 물고기 입에서 금화 '한'(1) 닢을 취해서 그것으로 세금을 내라고 하셨습니다.

하나님은 우리의 수입의 10분의 1이 얼마인지 알고 계시며 그 헌물 위에 사랑의 마음을 더하여 내는지 보고 계십니다. 그러나 분명히 해야 할 것은 우리의 십일조는 단지 헌물에 불과한 것이 아니라는 것입니다.

모든 공급자 되시는 그분의 청지기로서 그분이 맡기신 것에서 첫 열매를 주님께 돌려드리는 것일 뿐입니다. 그 외에 드리는 우리의 헌금은 그분에 대한 사랑을 표현하기 위해 우리의 마음을 드리는 것입니다.

우리가 만약 십일조와 헌금을 드리지 않는다면 그것은 주님의 것을 도적질하는 것이라고 주님은 말씀하십니다. '도적질'이란 어떤 것을 강제로 빼앗는다는 뜻을 가진 강한 단어입니다. 우리에게 큰 복을 주실 수 있는 분의 것을 도적질하는 것은 현명한 방법이 아닙니다. 성실하게 헌금할 경우 근사한 약속도 함께 주십니다.

> "만군의 여호와가 이르노라 너희의 온전한 십일조를 창고에 들여 나의 집에 양식이 있게 하고 그것으로 나를 시험하여 내가 하늘 문을 열고 너희에게 복을 쌓을 곳이 없도록 붓지 아니하나 보라"(말라기 3장 10절)

하나님은 "비용을 예상치 않고 돈이 들어오는 대로 빨리 써 버리는 자들을 책망하실 것이다"라고 말씀하십니다. 우리가 주님의 것을 강탈할 수 있다고 생각하십니까?

16

아주 강력한 원리

"비판하지 말라 그리하면 너희가 비판을 받지 않을 것이요 정죄하지 말라 그리하면 너희가 정죄를 받지 않을 것이요 용서하라 그리하면 너희가 용서를 받을 것이요 주라 그리하면 너희에게 줄 것이니 곧 후히 되어 누르고 흔들어 넘치도록 하여 너희에게 안겨 주리라 너희가 헤아리는 그 헤아림으로 너희도 헤아림을 도로 받을 것이니라"(누가복음 6장 37-38절)

다른 사람과 똑같은 대우를 받고 싶지 않다면 남을 괴롭히지 말고 그들의 잘못에 대해 비판하지도 말고 그들의 실패에도 아량을 베풀어 주십시오. 낙담해 있는 사람에게 정죄하지 마십시오. 그 아픔이 부메랑이 되어 돌아올 수 있습니다.

다른 사람에게 너그럽게 대하십시오. 그러면 우리의 삶이 많이 너그러워질 것입니다. 우리가 삶을 버리면, 우리의 삶을 다시 찾게 될 것입니다. 그러나 단순히 그대로 돌려받는 것이 아니라 보너스로 축복을 받게 될 것입니다. 받는 것이 아니라 주는 것이 복이며, 관대함이 관대함을 낳습니다.

타락한 이 세상에서는 파탄과 타락이 삶의 기본 값이지만 하나님 나라에서는 믿음으로 행동할 때 복을 주시는 것이 기본 원칙입니다. 또한 우리가 뿌린 것보다 많이 거두게 될 것입니다.

당신이 필요로 하는 바로 그것을 나누는 원리가 모든 영적인 법 가운데 가장 위대한 것으로 보입니다. 심지어 하나님께서 바로 그 원리를 사용하셨습니다. 즉 독생자 예수님을 우리의 죄를 위해 죽게 하셨고 그 후 모든 것을 얻게 하셨습니다.

"그러므로 만물이 그를 위하고 또한 그로 말미암은 이가 많은 아들들을 이끌어 영광에 들어가게 하시는 일에 그들의 구원의 창시자를 고난을 통하여 온전하게 하심이 합당하도다"(히브리서 2장 10절)

우리가 필요한 것을 나누는 것은 씨를 뿌리는 것과 같습니다. 밀을 원하면 밀 씨앗을 뿌리고 수수를 원하면 수수 씨앗을 뿌려야 합니다. 다행히도 우리가 뿌린 것보다 항상 많이 거두게 된다는 것입니다. 그 원리가 어떻게 적용되는지를 위의 구절을 통해 볼 수 있습니다. 만약 심판을 심지 않으면 심판을 거두지 않을 것이고, 용서를 심으면 용서를 거두게 될 것입니다. 우리가 필요한 것, 그것을 나누어야 합니다. 우리의 필요에 대해 이 원리를 적용해 보세요. 믿음으로 씨를 뿌리고 그 열매가 한 해 혹은 두 해 후에 돌아오는 것을 보십시오.

조지 볼트(George Boldt)는 1860년대 미국으로 이주한 가난한 프로이센(Prussian) 이민자의 아들이었습니다. 영어를 할 수 없어 웨이터로 일하기 시작했으나, 세계 굴지의 호텔 체인을 만든 경영자가 되었습니다. 성공한 이유를 물었을 때 그는 아주 명료하게 대답했습니다.

"나는 항상 모든 것에 관대하려고 노력했습니다."

관대함은 관대함을 낳습니다. 우리가 나누는 것, 그것을 얻게 될 것입니다. 자, 이제 씨앗을 붙잡고 있지만 마시고 뿌리십시오!

17

신약에서의 십일조

"화 있을진저 외식하는 서기관들과 바리새인들이여 너희가 박하와 회향과 근채의 십일조는 드리되 율법의 더 중한 바 정의와 긍휼과 믿음은 버렸도다 그러나 이것도 행하고 저것도 버리지 말아야 할지니라"(마태복음 23장 23절)

신약에서 십일조에 대한 부분이 언급되어 있나요? 십일조 하기에는 어려움이 있다고 호소하는 사람들은 십일조에 대한 부분이 언급되어 있지 않다고 주장하지만 예수님이 그것을 언급하셨습니다. 신약에서 자주 언급되지 않는 이유는 그 당시에 이미 잘 확립된 관행이었기 때문에 굳이 더 언급할 필요가 없었기 때문이라고 생각합니다.

순전한 마음은 공의와 긍휼과 믿음이라고 알려져 있습니다. 위 구절에서 보면 예수님은 당시의 종교 지도자들과 대화를 나누고 계셨습니다. 그들은 잔과 대접의 겉은 광채 나도록 닦고 있으나 속은 여전히 더러운 채로 두었습니다. 그리고 백성들에게 존경받는 사람으로 보이기 위해 십일조를 했습니다. 예수님은 마음속에 있는 여러 문제들을 무시한 채 십일조만 하는 그들을 책망하셨습니다. 이들 바리새인들은 경건의 모양을 붙들기 위해 모든 이익의 십일조를 하였으나 순전한 마음으로 대표되는 공의와 긍휼과 믿음은 무시하였습니다. 그들은 오직 '사람들의 견해'에만 관심이 있었습니다.

구약과 마찬가지로 신약에서도 여전히 십일조는 하나님의 백성된 자들에게 축복을 쏟아부어 주기 위해 열어 둔 '하늘의 창'이라고 말하고 있습니다. 우리는 성도로서 십일조를 해야 하지만 정의와 긍휼과 믿음에 관한 더 중요한 문제를 소홀히 하지 않도록 주의해야 합니다.

하나님은 모든 십일조를 창고에 가져와서 그분의 집에 양식이 있게 하라고 말씀하셨습니다(말라기 3장 10절 참조). 물론 그 양식은 그분을 위한 것이 아니라 우리를 위한 것입니다. 그 창고는 바로 우리가 영적인 양식을 공급받는 지역 교회입니다. 가정을 유지하기 위해 지출할 경비가 필요하듯이 지역 교회도 다를 바 없습니다. 십일조와 예물을 넣어서 우리의 영적인 집의 저장고에 좋은 것으로 가득 채워야 합니다. 만약 우리가 영적인 집을 잘 돌본다면 그것이 우리를 돌보아줄 것입니다.

18

수익성 있는 투자

"가난한 자를 불쌍히 여기는 것은 여호와께 꾸어 드리는 것이니 그의 선행을 그에게 갚아 주시리라"(잠언 19장 17절)

우리가 성경을 읽다보면 가난한 자에 대한 하나님의 긍휼하심이 처음부터 끝까지 실처럼 이어지는 것을 발견할 수 있습니다. 아담이 하나님의 축복에서 떨어져 나갔을 때 인류에게 내려진 저주가 바로 가난이었습니다. 하나님이 가난한 자를 긍휼히 여기시는 것으로 미루어 볼 때, 가난은 그분으로부터 온 것이 아님을 알 수 있습니다. 시간이 흐르면서 이스라엘 백성들이 하나님으로부터 멀어질 때 가난한 사람에 대해서도 등한시하였고 그로 인해 하나님은 분노하셨습니다.

당신은 그분의 손이 되어 드릴 수 있습니까?
가난한 자를 돌보는 것은 하나님의 뜻을 행하는 것입니다. 누가복음 4장 18절에서 예수님은 지상 사역의 시작을 알리시며 제일 처음 하신 일이 가난한 자에게 복음을 전하는 것이었습니다. 가난한 사람들에게 나아갈 때 그들의 궁핍한 삶에 대해서 무관심한 채 나아가는 것은 하나님의 뜻이 아닙니다.

솔로몬 왕에 따르면 가난한 사람들과 나누는 행위는 하나님께 빌려드리는 것입니다. 하나님은 항상 이자까지 함께 돌려주시는 것을 우리는 성경에서 발견할 수 있습니다.

나와 아내는 어느 월요일 늦은 저녁, 교인 중 한 부모의 전화를 받은 적이 있습니다. 그녀는 자기의 아이들이 그 다음날 아침에 일어나서 먹을 음식이 아무것도 없다고 말했습니다. 마침 24시간 문을 여는 슈퍼마켓이 동네에 있어서 우리는 가게로 가서 식탁 위에 두고 올 음식들과 아이들이 학교에 가져갈 점심 도시락 등을 샀습니다. 그리고 그들이 그런 환경에서 결코 먹었을 리 없는 간식이나 과일 주스 같은 것도 함께 사서 주었습니다.

그 다음 월요일, 바로 일주일 후 하나님께서는 우리의 대출금을 이자까지 합해서 갚아주셨습니다. 누군가 아무런 이유없이 우리에게 수표를 주었는데 그것은 우리가 그 가족을 위해 사용한 돈의 정확히 10배가 되는 금액이었습니다.

하나님의 눈은 가난한 자를 돕는 자에게 머무십니다.

우리도 하나님의 손이 되어 드릴 수 있을까요?
또한 도움이 필요한 사람에게 좋은 소식을 전하는 메신저가 될 수 있을까요?

만약 우리가 믿음으로 그렇게 한다면, 그것은 우리가 경험할 수 있는 가장 만족스러운 경험 중 하나가 될 것입니다. 주님과 함께 일하는 것은 모험입니다.

19

그분은 가난하게 되시고 우리는 부요하게 되다

"우리 주 예수 그리스도의 은혜를 너희가 알거니와 부요하신 이로서 너희를 위하여 가난하게 되심은 그의 가난함으로 말미암아 너희를 부요하게 하려 하심이라"(고린도후서 8장 9절)

아담이 죄에 빠져 타락한 후, 가장 처음 온 저주는 '결핍'이었습니다. 창세기 3장 9절에서 하나님은 풍성한 동산으로부터 그들을 쫓아내시고 이마에 땀을 흘리며 수고하여 생계를 유지하도록 만드셨습니다.

그러나 예수님의 지상 사역에 관한 언급에 보면 첫 번째 하신 일이 가난한 자에게 좋은 소식을 전하는 것이었습니다. 흥미롭게도 그분의 첫 번째 기적은 물을 포도주로 바꾸는 '공급'의 기적이었습니다. 절망적인 상황을 피하게 하는 기적이 아니라 하나님의 선하심과 자비하심을 인간에게 드러내는 기적이었습니다.

우리의 종교적 신념과는 달리, 예수님은 지상에서 사역하실 때 가난하지 않으셨습니다. 그분은 열두 명의 남자와 함께 여행하셨는데 이는 많은 예산을 필요로 했습니다. 가룟 유다는 돈 가방을 갖고 다니며 항상 돈을 훔쳐 갔습니다(요한복음 12장 6절). 그것은 그들이 필요한 자금을 조달할 수 있을 뿐 아니라, 동시에 유다의 도적질을 지탱할 충분한 돈이 있었다는 사실을 말해줍니다.

예수님은 지상 사역 기간 중에 결코 궁핍한 상황에 처하지 않으셨습니다. 그분의 아버지께서 사역에 필요한 모든 부분을 채우셨습니다.

한 줌의 작은 음식에서 많은 무리를 두 번이나 먹이셨고, 처음 가진 것보다 더 많은 음식을 남기셨습니다. 예수님은 당신과 베드로의 세금을 지불하셨고, 죽음에서 부활하신 후 제자들에게 아침을 제공하셨습니다. 십자가에서 처형당하실 때 군인들은 그분의 옷을 나누어 가지는 것보다 누가 가질지 제비 뽑기로 결정할 만큼 특별한 옷을 입으셨습니다(요한복음 19장 23-24절 참조).

예수님이 하신 첫 번째 기적은 누군가의 필요를 채워주는 공급의 기적이었습니다.

그렇다면 언제 예수님이 가난하게 되셨습니까?

그들이 예수님의 옷을 가져가고 그분을 벗은 채로 십자가에 매달았을 때였습니다. 십자가에서 그분은 우리를 위해 죄인이 되셨고, 십자가에서 그분은 가난해지셨고, 십자가에서 그분은 아프셨습니다. 우리를 자유케 하기 위해 저주를 받으셨습니다.

어떤 사람들은 그분의 가난과 부요가 실제 일어났던 것이 아니라 영적인 것이라고 말합니다. 그러나 영적으로 가난한 사람은 결코 물을 포도주로 만들 수 없고, 아픈 자를 낫게 할 수도 없고, 죽은 자를 살릴 수 없으며, 또한 많은 무리에게 음식을 먹일 수 없습니다. 그리스도께서는 십자가 위에서 우리를 가난으로부터 구원해 주셨습니다. 예수님은 가난을 포함한 마귀의 일을 멸망시키기 위해 그의 생명을 주셨습니다. 이것이 나눔의 힘입니다.

20

자발적인 연보

"형제들아 하나님께서 마게도냐 교회들에게 주신 은혜를 우리가 너희에게 알리노니 환난의 많은 시련 가운데서 그들의 넘치는 기쁨과 극심한 가난이 그들의 풍성한 연보를 넘치도록 하게 하였느니라 내가 증언하노니 그들이 힘대로 할 뿐 아니라 힘에 지나도록 자원하여 이 은혜와 성도 섬기는 일에 참여함에 대하여 우리에게 간절히 구하니"(고린도후서 8장 1-4절)

마케도니아 교회들은 비록 극심한 빈곤에 시달린 지역에 있었지만, 예루살렘에 있는 교회들에게 연보하는 일을 멈추지 않았습니다. 사도 바울은 그들이 극심한 가난과 큰 환란의 시련 가운데 있었다고 기록하고 있습니다. 그럼에도 그들은 자신들이 헌금할 수 있는 능력보다, 넘치도록 자발적으로 헌금하였다고 칭찬하였습니다. 그래서 사도 바울은 부요한 고린도 교인들을 도전하기 위해, 이들 신실한 마케도니아 기독교인들을 헌금에 대한 본보기로 사용했습니다.

하나님이 우리의 공급자가 되신다면, 우리는 어려운 상황이 올지라도 자유롭게 나눌 수 있을 것입니다. 1절에서 바울은 하나님이 그들에게 "은혜를 주셨다"라고 말합니다. 그런 다음 그는 디도를 격려하며 그가 고린도인들로부터 헌금을 받아서 준비했던 것처럼 "너희 안에서 이 은혜를 잘 성취하라"고 합니다.

"그러므로 우리가 디도를 권하여 그가 이미 너희 가운데서 시작하였은즉 이 은혜를 그대로 성취하게 하

라 하였노라"(고린도후서 8장 6절)

  가난 가운데서 헌금했던 마케도니아 기독교인들이 더 부요했던 고린도에 있는 형제들에게만 아니라 오늘날의 우리에게도 기대치를 높여주고 모범이 되었습니다. 아무도 마케도니아 교인들에게 무엇을 드리라고 요청하지 않았습니다. 오히려 그들이 바울에게 자신들의 헌금을 받아들이라고 '간곡히 애원'하였습니다. 그들은 헌물이라기보다는 오히려 '동역자의 선교사역을 지원'하는 것처럼 섬겼습니다. 단지 자신의 것을 하나님의 백성에게 나누고 싶었던 마음이었습니다.

  하나님이 당신의 공급자가 되실 때, 당신은 비록 부족한 상황 가운데 처할지라도 자유롭게 나눌 수 있을 것입니다. 그것은 오직 하나님에게서만 올 수 있는 부요함의 자유와 은혜입니다. 은혜는 상반되는 상황이 있을 때 힘을 발합니다. 하나님과 함께라면 모든 것이 가능합니다.

21

돈을 사랑함

"부하려 하는 자들은 시험과 올무와 여러 가지 어리석고 해로운 욕심에 떨어지나니 곧 사람으로 파멸과 멸망에 빠지게 하는 것이라 돈을 사랑함이 일만 악의 뿌리가 되나니 이것을 탐내는 자들은 미혹을 받아 믿음에서 떠나 많은 근심으로써 자기를 찔렀도다"(디모데전서 6장 9-10절)

성경을 부주의하게 읽는 독자들은 돈을 사악한 것이라고 성급히 판단하나, 사실 돈 자체는 아무런 문제가 없습니다. 하나님은 우리가 재물을 얻을 수 있는 힘을 주십니다(신명기 8장 8절). 그러므로 그것은 거룩하며 또한 그렇게 취급해야 합니다. 그분에게서 오는 모든 것이 거룩합니다.

바울은 돈 자체가 아니라, 돈을 사랑하여 부자가 되려고 하는 욕망이 위험하다고 경고한 것입니다. 그것은 거룩하지 못한 일을 하도록 우리를 움직일 수 있으며, 궁극적으로 주님으로부터 온 거룩한 선물을 남용하게 되는 것을 의미합니다. 인간의 본성은 연약하여 부자든 가난하든 이루 말할 수 없는 악을 행할 가능성이 있습니다.

돈의 목적은 하나님의 뜻을 행하고, 이 땅에서 그분의 언약을 세우는 것입니다(신명기 8장 18절). 그리고 언약의 목적은 축복입니다. 돈은 하나님 나라의 거룩한 종이며 주안에서 많은 사람을 구원하고 성숙하도록 인도하며 삶이 변화되도록 도울 수 있습니다. 그러나 돈은 많은 생명을 앗아갈 뿐만 아니라, 사람으로 하여금 하나님을 사랑하는 것으로부터 멀어지게 하는 힘을 가지고 있습니다. 바울은 디모데에게 돈을 사랑하는 것은 모든 종류의 유혹에 대한 문을 열어 놓는 것과 같아서 사람을 올무에 빠지게 하고 결국은 파멸을 초래하기 때문에 일만 악의 뿌리라고 경고하고 있습니다.

'돈을 소유하는 것'과 '돈에 의해 소유되는 것' 또는 '종이지만 부요한 것'과 '재물의 종이 되는 것'은 차이가 있습니다. 마음이 있는 곳에 보물이 있을 것입니다. 그동안 주님께 드린 예물 가운데서, 어디에 보물을 두었는지 마음을 살펴보십시오. 돈에 대한 사랑이 아니라, 주님에 대한 사랑에 이끌려 가는 삶을 사십시오.

22

하나님의 복 나누기

"네가 네 포도원의 포도를 딴 후에 그 남은 것을 다시 따지 말고 객과 고아와 과부를 위하여 남겨두라"(신명기 24장 21절)

"룻이 이삭을 주우러 일어날 때에 보아스가 자기 소년들에게 명령하여 이르되 그에게 곡식 단 사이에서 줍게 하고 책망하지 말며 또 그를 위하여 곡식 다발에서 조금씩 뽑아 버려서 그에게 줍게 하고 꾸짖지 말라 하니라"(룻기 2장 15-16절)

당신이 소유한 것은 당신이 온전히 즐길 수 있는 권리가 있습니다. 그러나 하나님은 이스라엘 백성들에게 수확물의 일부를 고아와 과부와 나그네를 위해 남겨두어 그분의 선하심이 그들에게 도달할 수 있게 하라고 지시하셨습니다. 옛 언약 아래서 거듭나지 않았던 그들은 율법의 인도를 받고 살았습니다. 옛 언약은 물론 훌륭한 율법이었으나, 사랑의 법이라고 불리는 신약은 나를 사랑하는 자에게만 베풀 것이 아니라 원수에게까지 추가로 더 베풀라고 가르치므로 더욱 훌륭합니다.

보아스는 구약시대의 신자였으나 룻을 돕기 위해 그의 하인들에게 평소에 하던 것보다 더 많은 이삭을 남겨두라고 말함으로써 율법에서 요구하는 그 이상으로 하나님을 섬겼습니다. 하나님은 이스라엘 백성들에게 수확물의 일부를 고아와 과부와 나그네를 위해 남겨두어 그분의 선하심이 그들에게 도달할 수 있게 하라고 지시하셨습니다. 예수님께서는 율법을 완성하셨고, 모세의 십계명보다 훨씬 더 중요한 새로운 계명을 주셨습니다.

"네 마음을 다하고 목숨을 다하고 뜻을 다하고 힘을 다하여 주 너의 하나님을 사랑하라 하신 것이요 둘째는 이것이니 네 이웃을 네 자신과 같이 사랑하라 하신 것이라 이보다 더 큰 계명이 없느니라"(마가복음 12장 30-31절)

사랑은 돌보는 것이므로 나누어야 하는 것이 정답입니다.

23

돈의 힘

"여자들이 갈 때 경비병 중 몇이 성에 들어가 모든 된 일을 대제사장들에게 알리니 그들이 장로들과 함께 모여 의논하고 군인들에게 돈을 많이 주며 이르되 너희는 말하기를 그의 제자들이 밤에 와서 우리가 잘 때에 그를 도둑질하여 갔다 하라 만일 이 말이 총독에게 들리면 우리가 권하여 너희로 근심하지 않게 하리라 하니 군인들이 돈을 받고 가르친 대로 하였으니 이 말이 오늘날까지 유대인 가운데 두루 퍼지니라"(마태복음 28장 11-15절)

예수님의 무덤을 지키던 그 경비병들은 자신의 삶을 통틀어 모든 시간들 중 가장 멋진 사건인 '예수 그리스도의 부활'을 직접 경험했습니다. 나는 그것을 목격하는 것이 어떠했을지 상상할 수조차 없습니다. 그것은 역사상 가장 위대한 순간이었을 것입니다. 그것을 본 경비병들은 자신들이 본 것을 알리기 위해 대제사장에게 달려갔습니다. 하지만 대제사장은 그 사실을 믿기보다는 마음이 완고해져서 많은 금액의 돈으로 군인을 매수하여 거짓말을 하도록 시켰습니다.

당신의 돈은 다른 사람에게 생명을 줄 수 있는 힘이 있습니다. 그런 놀라운 사건에 대해 어떻게 거짓말을 할 수 있는지 상상조차 힘들지만 어쨌든 그들은 거짓말을 했습니다. 대제사장은 거짓말을 고안해내고 거짓말하도록 돈을 지원하여 세상으로 내보냈고 2,000년이 지난 지금까지 여전히 그 거짓말을 널리 믿고 있습니다. 그것이 곧 돈의 힘입니다.

만약 제사장들이 그리스도 안에서 믿음으로 군인들에게 진실을 말할 수 있도록 허락하였다면 얼마나 많은 일들이 달라졌을까요? 우리의 돈은 다른 사람을 살릴 수 있는 힘을 가지고 있습니다. 우리는 마귀의 거짓말을 폭로하고 사람들을 자유롭게 하는 진리에 자금을 투자할 수 있습니다.

우리가 드리는 돈은 이런 힘을 가지고 있습니다. 드리겠다고 마음을 준비할 때 우리의 손에 있는 돈의 잠재력을 고려해야 합니다. 그런 다음 믿음으로 드리십시오. 우리의 예물의 잠재력이 세상으로 전파되어 이 땅에서 하나님의 뜻이 나타나고 원수의 거짓말과 무지에 얽매여 있는 사람들이 진리로 나아올 것이라는 것을 믿음으로 바라보며 드리십시오.

24

가격 매기기

"아라우나가 다윗에게 아뢰되 원하건대 내 주 왕은 좋게 여기시는 대로 취하여 드리소서 번제에 대하여는 소가 있고 땔 나무에 대하여는 마당질 하는 도구와 소의 멍에가 있나이다 왕이여 아라우나가 이것을 다 왕께 드리나이다 하고 또 왕께 아뢰되 왕의 하나님 여호와께서 왕을 기쁘게 받으시기를 원하나이다 왕이 아라우나에게 이르되 그렇지 아니하다 내가 값을 주고 네게서 사리라 값 없이는 내 하나님 여호와께 번제를 드리지 아니하리라 하고 다윗이 은 오십 세겔로 타작 마당과 소를 사고 그 곳에서 여호와를 위하여 제단을 쌓고 번제와 화목제를 드렸더니 이에 여호와께서 그 땅을 위한 기도를 들으시매 이스라엘에게 내리는 재앙이 그쳤더라"(사무엘하 24장 22-25절)

다윗 왕은 이스라엘과 유다의 인구조사를 실시함으로써 하나님의 뜻에 반하는 죄를 범했습니다. 우리의 힘은 군대의 수나 강함에 있지 않고 하나님에 대한 순종에 있습니다. 그러나 다윗은 군사의 수를 의지하였기에 여호와 앞에 죄가 되었던 것입니다.

하나님은 우리가 '숫자(number)'에 의존하기를 원치 않으십니다. 그분이 곧 우리의 힘이시고 승리가 되십니다. 주님은 숫자의 능력과 자신의 힘을 신뢰하는 많은 무리보다 신실한 한 사람을 통해 일을 하십니다. 오늘 날에도 역시 숫자(number)는 성공, 권력 등과 동등한 것으로 간주되지만 하나님은 순종하는 마음을 가진 한 영혼을 찾고 계십니다.

이스라엘의 군대 수를 파악한 후, 그제서야 다윗은 그것이 죄였다는 것을 깨달았습니다. 바로 그때 선지자 갓이 와서 그 죗값에 대한 하나님의 징벌을 알려주었고, 그후 사흘만에 7만 명의 백성이 전염병으로 죽었습니다.

선지자의 조언으로 여부스 사람 오르난의 타작마당에서 재앙을 그치게 하고자 단을 쌓아 희생제사를 드렸습니다. 희생 예물은 오늘날에도 여전히 하나님의 마음을 감동시킵니다. 회개한 다윗이 희생 제사를 드리려고 타작마당으로 다가갔을 때 여부스 사람 오르난은 자기의 소를 제물로, 타작하는 기구는 제물을 태울 때 땔감으로 사용하고, 자신의 밀은 소제물로 바치겠다고 가져왔습니다. 그러나 다윗은 거절하면서 "아니다. 내가 충분한 값을 주고 이 타작 마당을 사겠다"고 말했습니다. 다윗은 오르난에게 모든 것을 적절한 가격으로 구입하여 희생 제사를 드렸고, 그런 후 전염병이 그쳤습니다.

우리는 죄를 위해 하나님께 더 이상 희생제물을 바칠 필요는 없지만 우리의 희생적인 드림은 오늘날에도 여전히 하나님의 마음을 움직일 수 있습니다.

25

자발적인 헌물

"너희가 여호와께 감사제물을 드리려거든 너희가 기쁘게 받으심이 되도록 드릴지며"(레위기 22장 29절)

하나님은 이스라엘 백성들에게 때와 상황에 따라 모두 다른 제물을 가져오라고 지시하셨습니다. 상황과 절기에 따라 다르고, 죄에 따라 다르며, 이것들을 모두 율법에 명시해 두셨습니다. 구약 아래 살았던 사람들은 반드시 값을 치러야 할 죄에 대해 끊임없이 희생 제사를 드려야 하는 삶을 살았고 다른 선택의 여지가 없었습니다.

자발적인 제사는 즐겁고 감사한 마음에서 나옵니다. 의무적으로 드려야 하는 많은 예물과 희생 제사 외에 하나님은 감사로 드리는 화목제에 대해서도 말씀하셨는데 그것은 자원해서 드리는 것입니다. 하나님은 단지 율법에 대한 순종뿐 아니라 예물의 가치를 판가름할 '그분을 향한 사랑의 마음'을 보기 원하셨습니다.

제정된 율법 때문에 감사 예물을 드리는 것이 아니라 마음에서 우러나와야 합니다. 하나님은 우리에게서 그 마음을 원하십니다. 하나님은 당신에게 자유의지를 주셨고 우리가 그 자유의지를 어떻게 사용하는지 보기를 원하십니다. 당신은 자유의지를 자신을 위해 사용하십니까? 아니면 그분을 영화롭게 하기 위해 사용하십니까?

자원해서 드리는 예물, 즉 낙헌제는 구약에만 국한되지 않습니다. 사도 바울 역시 고린도후서 9장 7절에서 "각각 그 마음에 정한 대로 할 것이요 인색함으로나 억지로 하지 말지니 하나님은 즐겨 내는 자를 사랑하시느니라"고 언급하고 있습니다. 낙헌제는 기쁨과 감사한 마음에서 나오는 것입니다. 하나님은 마지 못해 내는 마음을 기뻐하지 않으십니다. 바울 역시 '인색함' 또는 '억지'가 아닌 '즐겨 내는 자'라고 기록하고 있습니다.

어쨌든, 우리 소득의 10분의 1은 주님의 것이고 낙헌제는 조건을 뛰어넘는 감사이므로 십일조를 초월하는 믿음의 표현입니다. 십일조를 드린 후 기쁜 마음으로 헌신을 시작할 때 드릴 수 있는 것이 낙헌제이기 때문입니다. 우리는 받은 복을 먼저 세어 보는 시간을 가져야 합니다. 그런 다음, 무엇으로 감사의 예물을 드릴 수 있을지 마음의 결정을 내리십시오.

26
더 나은 제사

"믿음으로 아벨은 가인보다 더 나은 제사를 하나님께 드림으로 의로운 자라 하시는 증거를 얻었으니 하나님이 그 예물에 대하여 증언하심이라 그가 죽었으나 그 믿음으로써 지금도 말하느니라"(히브리서 11장 4절)

"가인 같이 하지 말라 그는 악한 자에게 속하여 그 아우를 죽였으니 어떤 이유로 죽였느냐 자기의 행위는 악하고 그의 아우의 행위는 의로움이라"(요한1서 3장 12절)

여호와하나님 앞에서 모든 제사가 같은 것은 아닙니다. 그분은 어떤 사람의 것은 받으시고, 또 어떤 사람의 제사는 거절하십니다. 모든 은과 금이 모두 그분의 것이므로 어쨌든 그분은 우리의 돈을 필요로 하지 않습니다. 돈을 필요로 하는 사람은 우리입니다.

민음이 없이 드리는 예물은 득보다 해를 가져올 수 있습니다. 아벨이 양의 첫 새끼를 제물로 가져왔을 때 가인은 땅의 소산물을 예물로 가져왔습니다. 아벨은 믿음으로 예물을 가져왔으나 가인은 그렇게 하지 않았는데 분명 하나님이 보시기에 차이가 있었을 것입니다.

아벨의 생애는 비록 짧게 끝났으나 하나님은 그의 제사를 받으셨고 그의 삶의 간증은 오늘날까지 살아있어 성경 속 '신앙의 전당'에 여전히 자리매김하고 있습니다.

"…그가 죽었으나 그 믿음으로써 지금도 말하느니라"

(히브리서 11장 4절)

하나님은 믿음으로 드린 아벨의 제사에 대해서는 좋게 말씀하시고 믿음 없이 드린 가인의 제사에 대해서는 득보다 해가 될 수 있다고 말씀하십니다. 만약 우리가 주님을 공경하는 마음이 없거나 믿음으로 드리기 어렵다면 차라리 전혀 드리지 않는 것이 더 낫습니다.

하나님은 생계유지를 위해 우리의 구호품을 지원받는 거지가 아니십니다. 그분은 우리의 마음을 원하십니다. 우리가 드리는 모든 돈보다 우리의 마음 상태가 하나님께 더 큰 울림이 됩니다. 마음을 헤아려서 더 나은 제사가 무엇인지 찾아 반드시 믿음과 기쁨으로 드리십시오. 하나님은 기쁘게 드리는 자를 사랑하십니다.

27

적절한 협약

"여호와는 위대하시니 지극히 찬양할 것이요 모든 신들보다 경외할 것임이여 만국의 모든 신들은 우상들이지만 여호와께서는 하늘을 지으셨음이로다 존귀와 위엄이 그의 앞에 있으며 능력과 아름다움이 그의 성소에 있도다 만국의 족속들아 영광과 권능을 여호와께 돌릴지어다 여호와께 돌릴지어다 여호와의 이름에 합당한 영광을 그에게 돌릴지어다 예물을 들고 그의 궁정에 들어갈지어다 아름답고 거룩한 것으로 여호와께 예배할지어다 온 땅이여 그 앞에서 떨지어다"

(시편 96편 4-9절)

사역자인 저는 세계 여러 지역을 정기적으로 방문할 기회가 많습니다. 저는 여행할 때마다 방문할 지역 사람들을 위해 항상 선물을 가지고 갑니다. 모든 사람은 다른 나라에서 오는 선물에 대해 고맙게 여기며 많은 관심을 보입니다. 선물을 받고 함께 열어보는 그 순간은 언제나 즐겁습니다.

하나님은 우리가 도움을 필요로 할 때 도와주실 수 있고, 또 기꺼이 도와주십니다. 기도와 교제로 주님을 만나기 위해 성소에 나아갈 때 그분과 특별한 순간을 만들기 위해 항상 예물을 드릴 필요는 없습니다. 그러나 우리는 늘 예물을 드린 후 그분으로부터 무언가를 받으려고 하는 태도를 보입니다.

하나님은 우리에게 공급하시는 분이시고 우리는 그분의 공급을 받는 자입니다. 우리가 하나님께 가까이 나아갈 때는 올바른 절차가 필요합니다. 그분은 모든 만물보다 위에 계신 분이시므로 우리는 최선을 다해서 그분을 영화롭게 해드리는 것이 마땅합니다. '존귀와 위엄'이 그분 앞에 있습니다. 하나님의 임재 앞에 나아갈 때 빈손이나 준비되지 않은 채 급히 나아가서는 안됩니다.

시편에 보면, 왕이었던 다윗은 어떤 절차로 주님께 나아가야 하는지 적절한 의전을 알고 있었습니다.

"… 영광과 권능을 여호와께 돌릴지어다 여호와께 돌릴지어다 여호와의 이름에 합당한 영광을 그에게 돌릴지어다 …"(시편 96편 7-8절)

그분은 영광스럽고 위엄이 있으신 하나님임을 깨닫고 인정하십시오. 우리가 어려움에 처해 있을 때 기꺼이 도와주실 것입니다.

"예물을 들고 그의 궁정에 들어갈지어다"(8절)

하나님께서는 특별한 순간을 우리와 함께 하기를 고대하고 계십니다.

28

탐욕에 대한 하나님의 해결책

"돈을 사랑함이 일만 악의 뿌리가 되나니 이것을 탐내는 자들은 미혹을 받아 믿음에서 떠나 많은 근심으로써 자기를 찔렀도다"(디모데전서 6장 10절)

 탐욕은 가장 위험한 힘 중 하나로 알려져 있습니다. 필요한 것 이상을 과도하게 얻으려고 하거나 소유하려는 욕망으로, 부에 대한 중독이라고 설명할 수 있습니다. 탐욕은 부를 이기적으로 추구하기 때문에 사람들을 무자비하고 잔인하게 만듭니다. 바울은 디모데에게 '욕망은 신자들을 그릇 인도하고 많은 근심으로 자신들을 고통스럽게 만들 수 있으며 자신의 악한 꾀의 희생자가 될 수 있다'고 경고하고 있습니다.

탐욕은 다른 사람의 권리를 인정하지 않을 때 더 위험합니다. 탐욕을 줄이는 최고의 방법은 관대한 마음으로 나누는 것입니다. 올바른 목적으로 번영하려는 욕망을 나쁘다 할 수 없습니다. 돈이 악의 뿌리도 아니며 악의 어떤 이유도 아니지만 돈에 대한 욕심은 악이 될 수 있습니다.

믿음이 얕은 신자들은 '가난이 고귀하고 부는 악하다'는 일반적인 믿음과 상반되는 말을 하면 재빨리 방어하는데, 이는 이들 구절에 대한 오해에서 비롯된 것입니다. 돈은 악한 사람들에 의해 잘못 사용될 때 악하게 될 수 있으나 선한 사람들에 의해 선하게 잘 사용될 수 있습니다.

때때로 어떤 사람들은 돈이 없다고 불평하면서 동시에 끊임없이 돈을 위해 기도하고 설교도 하는 모습을 봅니다.

성경은 탐욕에 대해 도둑질, 술 취함, 모욕함, 속여 빼앗는 것과 같은 종류의 악으로 규정하고 하나님의 나라를 유업으로 받지 못할 것이라고 경고하고 있습니다. 탐욕은 우리를 하나님의 나라로부터 멀어지게 만들 수 있습니다.

"도적이나 탐욕을 부리는 자나 술 취하는 자나 모욕하는 자나 속여 빼앗는 자들은 하나님의 나라를 유업으로 받지 못하리라" (고린도전서 6장 10절)

탐욕을 없애는 최고의 방법은 관대한 마음으로 나누는 것입니다. 우리가 나누는 삶을 산다면 탐욕이 우리를 지배하지 못할 것입니다. 돈은 우리를 많은 근심에 빠지도록 우리를 찌를 수도 있고 우리를 축복할 수도 있는 잠재력을 동시에 가지고 있습니다. 그것은 우리가 돈을 어떻게 사용하느냐에 달려있습니다. 그러나 받는 것보다 주는 것이 더 큰 복입니다.

29
부를 주시는 목적

"네 하나님 여호와를 기억하라 그가 네게 재물 얻을 능력을 주셨음이라 이같이 하심은 네 조상들에게 맹세하신 언약을 오늘과 같이 이루려 하심이니라"(신명기 8장 18절)

하나님이 창조하신 모든 만물이 그러하듯, 부(富, Rich)도 특별한 목적을 가지고 있습니다. 하나님은 빈곤이 아니라 부를 창조하셨습니다. 하나님은 아담이 살아가는데 부족함이 없는 풍족한 환경을 제공해 주셨습니다. 그분은 과일을 맺는 모든 나무와 채소를 주셨고, 심지어 좋은 금과 귀중한 보석도 주셨습니다. 구약은 부와 함께 시작되며 신약도 마찬가지입니다.

누가복음 4장 18절에서 예수님이 지상 사역의 시작을 알리실 때 바로 그 부분 즉 가난한 자에게 좋은 소식을 가져오셨다고 언급하셨습니다. 심지어 첫 번째 기적을 베푸신 것도 예비하신 좋은 소식의 일환이었습니다. 부의 목적은 지상에 하나님의 언약을 세우기 위함입니다.

이스라엘 백성들은 이집트에서 노예로 살면서 빈곤이 무엇인지 알았습니다. 430년의 압제 생활 후 아브라함에게 있었던 부요함은 더 이상 없었지만 애굽을 떠날 때 그들은 큰 부를 가졌습니다. 하나님께서 그들의 손에 보물을 쥐고 나갈 수 있도록 계획하셨습니다. 그분은 부에 대한 계획을 가지고 계셨고, 그 보물들은 그분의 임재가 머물

수 있는 성막을 세우는데 사용되었습니다.

위의 구절에서 하나님은 이스라엘 백성들에게 오직 그분만이 부를 줄 수 있는 능력을 가진 분이고, 부의 목적은 이 땅에서 그분의 언약을 세우는 것이라는 것을 상기시켜 주셨습니다.

"내가 너로 큰 민족을 이루고 네게 복을 주어 네 이름을 창대하게 하리니 너는 복이 될지라"(창세기 12장 2절)

아브라함과 맺은 하나님의 언약은 어마어마한 축복의 언약이었습니다. 만약 하나님이 우리들에게 여전히 복을 주시기를 원하신다는 것을 확신할 수 없다면 빈곤 가운데에서 먹고살기 위해 몸부림치는 가난한 사람에게 하나님이 선하신 분이라고 믿게 하기는 어려운 일입니다.

풍요로운 삶은 자신의 가족을 잘 부양할 수 있

을 뿐 아니라 가난한 자를 돕고 복음을 위해 지원할 수 있을 만큼 충분한 것을 가지고 있는 상태로 정의할 수 있습니다.

우리의 돈은 개인적인 필요를 채우는 그 이상의 목적을 가지고 있습니다. 나누는 행위는 축복의 언약을 지상에서 하나님과 함께 세우는 일을 하는 것입니다.

30

당신의 계좌 불리기

"내가 선물을 구함이 아니요 오직 너희에게 유익하도록 풍성한 열매를 구함이라"(빌립보서 4장 17절)

우리는 하나님의 방법이 우리의 방법과 다르다는 것을 압니다(이사야 55장 8-9절). 그분의 방법은 우리보다 훨씬 높기 때문입니다. 그분의 논리는 우리의 논리와 같지 않기 때문에 그분은 우리가 생각하는 방식으로 일하시지 않습니다. 그러나 그분은 우리가 타락한 이 세상의 기준을 뛰어넘어 그분의 방식으로 살기를 원하십니다. 재정에 관해서도 마찬가지입니다.

하나님이 주시는 큰 복은 주님과 함께 일할 때 비로소 흐르게 됩니다. 어떤 사람들은 드리는 것을 두려워하고 심지어 화를 내기도 합니다.

우리는 한때 예배드리는 것을 아주 즐거워하며 만족해했던 한 방문객을 본 적이 있습니다. 그녀는 찬양과 경배하는 것을 좋아했고 예배하는 분위기를 즐기는 것처럼 보였지만 우리가 십일조와 헌물을 드릴 준비를 하자 일어나서 떠나버렸습니다. 그녀는 분명히 교회가 자신의 것을 빼앗기 위해 존재한다고 생각했을 것입니다.

예물을 드릴 시간이 되면 우리는 기뻐하고 즐거워해야 합니다. 왜냐하면 지상의 계좌뿐 아니라 하늘에 있는 우리의 계좌에 예금이 불어나기 때문입니다. 바울은 빌립보 교인들의 사역에 관한 헌금이 '관대한 행위를 통해 하나님의 큰 복을 경험하는 기회가 된다'고 역설하고 있습니다.

이것이 곧 교회에서 예물을 드릴 때 우리가 취해야 할 태도입니다. 하나님의 큰 복은 주님과 동역할 때 흐르게 됩니다. 하나님은 나누는 자가 계속해서 나눔을 할 수 있도록 그들에게 복을 베푸십니다. 그것이 하나님의 경제가 작동되는 원리이며 당신도 나눔을 통해 그 원리에 참여할 수 있습니다.

31

하나님께서 당신의 모든 필요를 채우실 것입니다

"나의 하나님이 그리스도 예수 안에서 영광 가운데 그 풍성한 대로 너희 모든 쓸 것을 채우시리라"(빌립보서 4장 19절)

어떤 그리스도인들은 이 구절을 말하는 것만으로도 그들의 모든 재정적인 필요가 채워질 것이라고 생각하며 이 구절을 "고백"합니다.

하나님께서는 당연히 자녀인 우리를 돌보신다는 것이 사실이지만 이 약속 구절에는 한 가지 조건이 있습니다. 우리는 주님의 일을 할 때에 주님께 복을 구해야 합니다.

여기서 바울이 말하는 풍성한 공급은 모든 자에게 해당되는 것이 아니라 하나님의 사역을 위한 일에 씨를 뿌리는 경우에 적용되는 말입니다. 바울은 빌립보 교인들로부터 자신의 선교 사역과 개인적인 필요에 대한 지원금을 받은 후에 감사하다는 편지를 적을 때 이 구절을 적었습니다.

만약 사역자가 자신의 사역에 필요한 자금에는 충분한 여유가 있을지라도 자신과 가족들을 부양할 수 없다면 실패하게 될 것입니다. 사역자가 자신의 사역에서 적절한 수입을 받지 못하면 사역에 영향을 받을 수밖에 없습니다. 바울은 그들이 보낸 헌금에 대하여 '받으실 만한 향기로운 제물', '하나님을 기쁘시게 한 것' 이라고 부릅니다.

"내게는 모든 것이 있고 또 풍부한지라 에바브로디도

편에 너희가 준 것을 받으므로 내가 풍족하니 이는 받으실 만한 향기로운 제물이요 하나님을 기쁘시게 한 것이라"(빌립보서 4장 18절)

우리는 예물을 드리고자 할 때 반드시 주님께서 받으실 향기로운 제물이 될 수 있게 하고 주님의 영광과 흘러넘치는 은혜가 우리에게 오기를 믿음으로 기대해야 합니다. 그분은 우리에게 '그리스도 예수 안에서 영광 가운데 그 풍성한 대로 우리의 모든 필요를 채워주셨습니다'라는 감사의 기도를 원하십니다.

32

궁핍한 자를 돌보아야 할지 말지는 당신에게 달려있습니다

"예수께서 이르시되 갈 것 없다 너희가 먹을 것을 주라" (마태복음 14장 16절)

우리는 나눌 수 있는 것이 거의 없거나 전혀 없을 때가 얼마나 많은 지 모릅니다. 때로는 우리의 재정상태는 수입보다 지출해야 할 곳이 더 많은 것처럼 보입니다. 예수님의 제자들이 여자와 아이들 외에 5,000명의 배고픈 군중을 만났을 때와 같은 상황입니다. 군중들을 흩어 보내는 것이 그 사태를 해결하는 최선의 방법이라고 느꼈을 것입니다. 그들이 무엇을 얼마나 가지고 있었는가에 상관없이 주님이 무리를 하나도 돌려보내지 말라고 하신 것이 그들에게는 가장 큰 어려움이었을 수도 있습니다.

우리는 우리에게 일어나는 모든 문제를 해결할 수 없지만 그렇다고 너무 빨리 포기해서도 안됩니다. 그분이 우리가 알지 못하는 방법과 경로와 자원을 가지고 계시기 때문입니다. 순종과 믿음이 만날 때 우리는 그분이 우리를 부르신 그 부르심 대로 할 수 있습니다.

"너희가 먹을 것을 주라"고 주님이 말씀하셨을 때 제자들은 두려워했을 것입니다. 제자들은 군중이 필요로 하는 것을 가지고 있지 않았기에 곤경을 회피할 수는 있었지만 벗어날 길은 없었습니다. '제자들은 그 상황을 해결할 수 없다'는 것이 팩트(fact)였지만 주님이 마음을 바꾸지 않으셨기에 어쨌든 제자들은 먹을 것을 주어야 할 임무를 가지게 되었습니다. 그분은 "**그것을 내게 가져오라**" (마태복음 14장 18절)고 하셨고 제자들은 가지고 있는 물고기 두 마리와 떡 다섯 개를 드렸습니다. 작은 헌신으로 주님은 오병이어의 기적을 일으키셨습니다.

제자들은 가장 놀라운 경험을 한 자신들을 스스로 점검해보았을 것입니다. 많은 군중을 먹이기에 턱없이 부족한 작은 것이었을지라도 주님은 제자들의 눈앞에서 기적을 일으키기에 충분했습니다. 제자들에게는 주님이 자신들에게 있는 얼마 안되는 음식을 마치 모두 거두어 가시는 것처럼 보였지만 각자 한 광주리씩 남기게 되었습니다. 순종과 믿음이 만날 때 우리는 그분이 우리를 부르신 그 부르심 대로 할 수 있습니다. 우리는 우리가 가진 작은 것으로 생각하는 것보다 훨씬 큰일을 할 수 있습니다.

33

내면 살펴보기

"예수께서 그를 보시고 사랑하사 이르시되 네게 아직도 한 가지 부족한 것이 있으니 가서 네게 있는 것을 다 팔아 가난한 자들에게 주라 그리하면 하늘에서 보화가 네게 있으리라 그리고 와서 나를 따르라 하시니"(마가복음 10장 21절)

이 말씀에서 나오는 청년은 부자였지만 여전히 부족한 것이 있는 인생이었습니다. 그는 자신에게 적어도 하나 이상 부족한 것이 있다고 느꼈고 그 부족한 부분이 바로 영원한 생명이라고 생각했습니다.

이 땅에서의 그의 삶은 완벽했지만 그는 자신의 미래에 대해서도 돌아보고 싶어했습니다. 그는 어려서부터 모든 계명을 지켜왔기에 주님으로부터 꽤 좋은 답변을 들을 수 있을 것이라고 기대하며 그렇게 믿었습니다. 그러나 여전히 무엇인가 부족한 부분이 있다는 것을 느꼈습니다.

예수님은 그에게 필요한 것이 무엇인지 정확히 아셨지만 처음부터 바로 말씀하시지 않았습니다. 예수님은 그 청년이 자신의 질문에 정확한 대답을 들을 수 있는 준비가 되어 있는지 보기를 원하셨습니다. 자신의 소유를 팔아 "**가난한 자에게 나누어라는 말씀은 반드시 빈곤의 삶을 살아라**"는 것을 의미하지 않습니다. 우리의 삶을 주님께 굴복하겠다고 말을 하는 것은 실제로 삶을 굴복하는 것보다 훨씬 쉽습니다. 우리가 필요한 모든 것을 주님께 의지해야 한다는 말을 들을 때 늘 모든 것을 갖는 것에 익숙한 누군가에게는 받아들이기 어려운 말씀일 수 있습니다. 십자가를 위해 화려한 삶을 포기하는 것은 아마도 생각할 수 없는 일일 것입니다.

주님이 말씀하신 십자가는 오늘날 우리가 목에 착용하는 금이나 은으로 된 목걸이 십자가가 아닙니다. 십자가는 어떤 죽음으로 가는 끔찍한 고문 도구였습니다. 자신의 소유를 팔아 가난한 자에게 주고 주님을 따름으로써, 그의 이름이 영원히 존경받을 수 있는 영광스러운 제자의 구성원으로 그 청년을 초대하신 것입니다. 그러나 그 청년은 재물에 대한 욕심이 더 많았기에 예수님의 제안을 감당하기에 너무 버거워서 근심하며 돌아가 버렸습니다.

오늘날 우리가 그 청년에 대해 아는 것은 자신의 삶에 다시 올 수 없는 가장 좋은 제안을 그가 거절했다는 것입니다. 우리는 그가 얼마나 가치 있게 삶을 잘 살았는지, 얼마나 많이 소유했는지 알지 못하며 심지어 그의 이름조차 알지 못합니다.

이 청년은 자기의 소유를 나누는 것이, 반드시 가난해지는 삶을 의미하는 것이 아니라는 것을 몰랐던 것입니다. 비극적이고 심지어 슬퍼 보이는 십자가에는 그 청년이 소유한 이 땅의 소유물과 비교할 수 없는 보물이 숨겨져 있습니다.

"자기의 생명을 사랑하는 자는 잃어버릴 것이요 이 세상에서 자기의 생명을 미워하는 자는 영생하도록 보전하리라"(요한복음 12장 25절)

34

영원한 보물

"적은 무리여 무서워 말라 너희 아버지께서 그 나라를 너희에게 주시기를 기뻐하시느니라 너희 소유를 팔아 구제하여 낡아지지 아니하는 배낭을 만들라 곧 하늘에 둔 바 다함이 없는 보물이니 거기는 도둑도 가까이 하는 일이 없고 좀도 먹는 일이 없느니라 너희 보물 있는 곳에는 너희 마음도 있으리라"(누가복음 12장 32-34절)

우리가 자주 범하는 실수 중 하나는 그분의 방법이 우리의 방법보다 뛰어나다는 사실을 잊어

버리고 우리의 기준에 하나님을 끼워 맞추는 것입니다. 우리 생각으로는 '충분함'이 '필요함'과 동등한 것처럼 느껴지나 주님에게는 그렇지 않습니다. 그분은 '충분함'보다 더 넘치게 주시는 하나님이십니다. 예수님은 군중들이 먹을 수 있는 것보다 훨씬 더 많이 주셨습니다(마태복음 14장 15-21절 참조). 제자들이 그분의 명령에 따라 낚시를 했을 때 배가 가라앉기 시작할 만큼 충분한 고기를 잡았습니다(누가복음 5장 6-7절). 마귀로부터 고난을 받은 후에 욥에게 다른 축복 외에 이전에 가진 것을 회복시켜 주시되 두 배의 축복을 주셨습니다(욥기 42장 10절).

요한복음 10장 10절에서 "**내가 온 것은 양으로 생명을 얻게 하고 더 풍성히 얻게 하려는 것이라**"고 하셨습니다. 하나님께서 당신의 삶에 왕으로 통치하신다면 당신이 좋아하는 어떤 것이 부족할지라도 그 결핍을 절대 두려워할 필요가 없습니다.

위의 구절에서 예수님은 그의 제자들에게 "들의 백합화와 공중의 새를 돌보시는 분이 우리의 아버지이시므로 일상적인 필요 사항에 대해서 염려하지 말라"고 말씀하셨습니다. 그런 후 그분은 우리에게 하나님 나라를 주시는 것이 아버지의 기쁨이라고 하셨습니다. 만약 당신이 하나님 나라를 소유할 수 있다면 당신이 가진 것을 나누는 것이 무슨 대수겠습니까? 하나님이 다스리시는 곳에는 좋은 것이 절대 부족할 수 없다는 것을 알아야 합니다.

우리는 드릴 때 어떤 것을 잃는다는 생각을 하지 말고, 우리는 하나님의 자녀이고 하나님 나라의 시민이라는 생각을 해야 합니다. 그런 후 하나님이 우리에게 하나님 나라를 주신 것과 마찬가지로 기쁨으로 나누십시오. 그리고 믿음의 사람이 되어 하나님 나라로 건너가십시오.

35

그리스도의 복음 고백하기

"이 직무로 증거를 삼아 너희가 그리스도의 복음을 진실히 믿고 복종하는 것과 그들과 모든 사람을 섬기는 너희의 후한 연보로 말미암아 하나님께 영광을 돌리고"(고린도후서 9장 13절)

우리는 주님과 그분의 말씀 안에서 믿음의 고백을 하는 것이 믿는 자에게 얼마나 중요한지 모두 알고 있습니다. 복음은 좋은 소식이므로 우리는 할 수 있는 한 최대한 복음을 전하는 일에 적극적으로 동참해야 합니다. 그러나 복음을 전하는 것은 설교를 통해서만 할 수 있는 것이 아닙니다. 세상은 복음의 메시지에 이미 면역이 되어있기 때문에 항상 좋은 소식으로만 전달될 수가 없습니다. 너무 많은 사람들이 비판적인 기독교인들을 겪어 본 경험을 가지고 있습니다. 사람을 세우는 것보다 비난하는 것이 더 쉽기 때문입니다. 좋은 소식을 나누는 것이 복음의 핵심입니다.

우리가 좋은 소식을 나누고 싶어도 그것이 나쁜 소식이 될 수 있다는 것이 복음의 가장 단순한 원리입니다. 우리를 보고 사람들은 기뻐해야 마땅합니다. 우리가 복음으로 살 때 더 많은 사람들이 우리가 하는 말을 듣고 싶어하고 특히 어려운 상황 가운데도 주님이 주신 큰 복으로 우리가 잘 살아가는 것을 그들은 목도할 것입니다.

위 구절에서 사도 바울은 유대 성도들로부터 이 헌금을 받고 "그리스도의 복음을 진실히 믿고 복종하는 것으로 말미암아 영광을 돌릴 것"이라고 말합니다. 이 사람들은 헌금을 통해 복음이 선포되도록 도움으로써 자신들의 믿음을 고백했습니다.

복음의 핵심 메시지는 나누는 것입니다. 하나님은 아들을 우리에게 주셨고 예수님은 생명과 새롭고 풍성한 삶과 소망을 우리에게 주셨습니다. 이제 우리가 모든 사람들에게 그분의 선하심을 알릴 차례입니다.

특히 요즘은 말의 가치가 낮아졌으나 우리가 복음에 대해 고백하는 것은 가치가 있습니다. 탐욕과 이기심이 가득한 이 세상에서 나눔은 관심을 끌기에 충분하며 흔치 않은 일입니다. 시기가 힘들 때 교회가 우리의 헌금을 통해 번성하게 되면 복음의 참된 가치가 외부에 알려지게 될 것입니다. 나눔은 단지 돈을 나누는 것뿐 아니라 그리스도의 복음에 대한 우리의 고백입니다.

36
당신의 재산 축적하기

"엘리야가 그에게 이르되 두려워하지 말고 가서 네 말대로 하려니와 먼저 그것으로 나를 위하여 작은 떡 한 개를 만들어 내게로 가져오고 그 후에 너와 네 아들을 위하여 만들라 이스라엘의 하나님 여호와의 말씀이 나 여호와가 비를 지면에 내리는 날까지 그 통의 가루가 떨어지지 아니하고 그 병의 기름이 없어지지 아니하리라 하셨느니라 그가 가서 엘리야의 말대로 하였더니 그와 엘리야와 그의 식구가 여러 날 먹었으나 여호와께서 엘리야를 통하여 하신 말씀 같이 통의 가루가 떨어지지 아니하고 병의 기름이 없어지

지 아니하니라"(열왕기상 17장 13-16절)

　당신의 경제에 주님을 초청하는 것은 가장 놀라운 방법 중 하나이며 당신이 일반적으로 할 수 있는 방법보다 더 많이 번성할 수 있는 방법입니다. 당신의 사업이 하나님의 사업으로 될 때 적든 많든 당신이 가진 돈으로 사업할 때보다 더 많은 일을 할 수 있다는 것을 알게 될 것입니다.

　실제로 유럽에서 사역하는 9년 동안 그 방법에 익숙해졌습니다. 우리는 오늘날까지 우리가 가진 돈으로 무엇을 했었는지, 어떻게 그 일을 감당할 수 있었는지 잘 알지 못합니다. 때때로 우리가 전혀 기대하지 않았던 사람들로부터, 그리고 기대하지 않았던 때에 채워졌습니다. 그러나 어떤 때는 우리 가족의 필요를 간신히 채울 정도일 때도 있었습니다.

하나님은 우리의 모든 필요가 충족될 때까지 우리의 돈을 늘리는 방법을 알고 계십니다. 성경의 어떤 부분들은 역시 그런 이야기들을 말해주고 있습니다. 열왕기상 17장에서 하나님은 기근의 때에 엘리야를 사르밧 과부에게 보내어 돌보게 하셨습니다.

그녀는 자기가 가진 마지막 기름과 밀가루로 그녀와 자기 아들을 위한 저녁을 준비하기에 바빴습니다. 상식적인 눈으로 보면 이것은 무례하고 이기적으로 보일 수 있지만 영적인 눈으로 보면 엘리야는 기근의 시기에 그녀와 아들을 도울 수 있는 방법을 작동시킨 것이었습니다.

모든 것에는 두 가지 측면 즉 자연적인 것과 영적인 것이 있다는 것을 우리는 압니다. 결론을 도출해내기 전에 두 가지 모두를 볼 수 있는 눈이 필요합니다. 그 이야기의 끝은 '가뭄이 끝날 때까지 통의 가루가 떨어지지 아니하고 병의 기름이 없어지지 않았다'는 것입니다.

신약성경에서 예수님은 소년이 가진 떡 다섯 덩어리와 두 마리 물고기로 배고픈 남자 5,000명을 먹이셨습니다. 여기에는 여자와 어린이는 포함시키지 않은 숫자입니다. 다른 경우엔 떡 일곱 덩이와 약간의 물고기로 4,000명의 어른을 먹이셨습니다. 이 모든 사건에서 보면 아주 소량의 것들이 풍성해졌으며 현재의 필요가 모두 충족되었습니다.

하나님은 하실 수 있습니다. 그러나 이 모든 경우에 풍성한 결과를 도출해내기 전, 이 사람들이 가진 작은 것이 반드시 드려져야만 했던 것입니다.

신자들이 자기가 가진 것을 붙잡고 있으면 그

것이 자기가 일할 수 있는 전부라는 것을 알게 될 것입니다. '돈이 바닥난 것 같아도 나는 여전히 일할 수 있는 시간을 가지고 있다'는 오랜 속담이 있습니다. 하나님은 우리의 모든 필요가 채워질 때까지 우리 돈을 늘리는 방법을 알고 계십니다.

37

의의 열매를 맺기

"심는 자에게 씨와 먹을 양식을 주시는 이가 너희 심을 것을 주사 풍성하게 하시고 너희 의의 열매를 더하게 하시리니"(고린도후서 9장 10절)

"우리는 그가 만드신 바라 그리스도 예수 안에서 선한 일을 위하여 지으심을 받은 자니 이 일은 하나님이 전에 예비하사 우리로 그 가운데서 행하게 하려 하심이니라"(에베소서 2장 10절)

"또 우리 사람들도 열매 없는 자가 되지 않게 하기 위

하여 필요한 것을 준비하는 좋은 일에 힘 쓰기를 배우게 하라"(디도서 3장 14절)

"너희가 열매를 많이 맺으면 내 아버지께서 영광을 받으실 것이요 너희는 내 제자가 되리라"(요한복음 15장 8절)

요한복음 15장 8절에서 예수님께서는 우리가 열매를 많이 맺으면 아버지가 영광을 받으실 것이라고 말씀하셨습니다. 열매를 많이 맺는 것이 그분의 제자가 되는 방법이며 아버지를 기쁘게 해드리는 방법이라고 말씀하셨습니다. 심지어 우리가 더 많은 열매를 맺을 것이라고 그분은 말씀하셨습니다. '의의 열매'는 우리 안에 그리스도께서 거하시면 결과적으로 맺혀지는 열매입니다. 우리 안에서 그분의 생명이 우리 자신의 힘으로 할 수 있는 것보다 더 많은 것을 하게 해주십니다.

나눔을 통해서 그리스도의 생명이 우리 안에서

그리고 우리를 통해서 진정으로 드러나게 됩니다. 돈이든 시간이든 재능이든 또는 다른 그 무엇이든 나눔을 통해 선행은 실천됩니다. 의는 하나님과 함께 바로 설 수 있으며 그 무엇도 그분으로부터 당신을 떼어낼 수 없습니다. 그것은 예수님이 십자가에서 돌아가실 때 우리를 위해 예수님의 피로 산 선물입니다. 그것이 하나님의 은혜의 축복입니다.

나눌 때 의의 열매가 증가하기 때문에 계속해서 선물을 얻게 될 것입니다. 이것이 그리스도 안에서 우리의 일상적인 삶이며 바로 하나님 나라의 문화입니다.

그 크고 두려운 날에 주님 앞에 아무도 빈손으로 서기를 원하지 않을 것입니다. 만약 당신이 나누면 하나님이 당신에게 심을 씨를 나누어 주실 것이고 그분이 하는 것처럼 번성할 것이고 그 위에 당신의 의의 열매도 증가될 것입니다.

38

돈을 사랑하는 자

"집 하인이 두 주인을 섬길 수 없나니 혹 이를 미워하고 저를 사랑하거나 혹 이를 중히 여기고 저를 경히 여길 것임이니라 너희는 하나님과 재물을 겸하여 섬길 수 없느니라 바리새인들은 돈을 좋아하는 자들이라 이 모든 것을 듣고 비웃거늘"(누가복음 16장 13-14절)

예수님은 바리새인과 흥미 있는 하루를 보내고 계셨습니다. 그분은 청지기 비유에 관한 교훈을 가르치셨으나 그것이 그들을 불쾌하게 했습니다. 그들은 종교적이었으나 돈을 사랑하는 사람들이었습니다. 돈을 사랑하는 사람은 돈을 가지는 것을 좋아하고 나누는 것을 좋아하지 않습니다. 비록 우리는 교회에서 더 이상 바리새인이라는 칭호를 사용하지 않지만 그같은 마음은 여전히 우리 속에 살아있습니다.

바리새인들은 모든 종류의 종교적인 일을 마다하지 않았지만 교회에서 특히 돈을 나누는 부분을 들을 때 반감을 가졌습니다. 종교인들은 입술로는 주님을 섬기나 마음으로는 맘몬신을 섬깁니다.

그들은 교회가 항상 나누는 일에 앞장서야 한다고 믿지만 교회가 나누어야 할 돈을 어떻게 모아야 하는지에 대해서는 신경 쓰는 것을 싫어합니다. 주님의 청지기는 희망이 없는 사람에게 희망을 주어야 합니다. 바리새인들은 주님을 조롱했고 주님에게 경멸을 표시했습니다. 오늘날에도 이런 태도는 여전합니다. 돈을 사랑하는 현대인들은 재치 있는 일변도를 가지고 항상 좋은 변명을 하며 자신을 방어할 태세를 갖추고 있습니다. 돈을 사랑하는 사람들은 자신이 나쁜 바리새인의 무리에 속해 있었다는 것을 언젠가 알게 될 것이지만 주님의 청지기는 희망이 없는 사람에게 희망을 줍니다.

우리는 맘몬 즉 재물을 섬길 수도 있고 또 맘몬이 우리를 섬기게 할 수 있으나 그런 종류의 모든 타협은 바리새인의 정신을 따르는 것입니다. 우리의 마음 깊은 곳을 들여다보면 오직 한 주인만 있을 뿐입니다.

39

두 종류의 부자

"지극히 작은 것에 충성된 자는 큰 것에도 충성되고 지극히 작은 것에 불의한 자는 큰 것에도 불의하니라 너희가 만일 불의한 재물에도 충성하지 아니하면 누가 참된 것으로 너희에게 맡기겠느냐"(누가복음 16장 10-11절)

작은 것에 신실한 자는 큰 것에도 역시 신실합니다. 왜냐하면 신실함은 돈의 금액과 상관이 없는 '태도'에 속하기 때문입니다. 불신앙에 대해서도 마찬가지로 적용됩니다. 십일조는 돈의 금액에 상관없이 십분의 일을 의미합니다. 십일조 액수의 크기는 곧 우리의 삶에 대한 하나님의 축복의 표시입니다. 위의 이야기는 청지기적 삶을 살아가는 우리 모두를 향한 비유입니다. 우리는 이 세상에 빈손으로 왔습니다. 우리가 가진 모든 것은 청지기 직을 수행하도록 맡겨 주신 것입니다. 하나님은 우리에게 건강하고 부요한 삶을 선물로 준비해 주셨습니다.

나누고자 하는 태도와 습관은 파괴적인 힘을 지닌 탐욕으로부터 당신을 보호할 것입니다. 비록 재물이 물질적인 부이긴 하지만 하나님께 충실해야 합니다. 예수님은 물질적인 부요함이 진정한 부요가 아니라고 말씀하셨습니다. 즉 부요에는 두 종류가 있으며 우리는 그 둘을 정확하게 잘 분별해야 할 것입니다. 세상 재물에 대한 태도가 믿음직스럽지 못하다면 주님은 우리에게 "세상 것이 아닌 참된 것을 어찌 너희에게 맡길 수 있겠느냐"고 말씀하셨습니다. 불의한 재물(세상에 속한 물질)에 충실하라는 것은 모든 재물이 주님께 속해 있음을 믿고 정직하게 사업하며 일터에서 물질로 정직하게 양질의 서비스를 하라는 의미입니다.

당신은 아마도 주인에 속하거나 아니면 관리자 즉 청지기에 속할 것입니다. 우리가 재물을 소유할 때 맘몬은 우리 삶에 더 큰 영향력을 끼치며 통제하려고 할 것입니다.

마귀는 우리가 부자이든 가난한 자이든 건강하든 아프든 상관하지 않습니다. 마귀는 우리가 하나님으로부터 떠나도록 할 수 있는 한 모든 것을 줄 것입니다. 욕망을 심어 놓아 거짓된 것을 추구하도록 하여 우리를 진정한 부자가 되지 못하도록 할 것입니다. 그러나 나누는 태도는 욕망의 파괴적인 힘으로부터 우리를 보호할 것이며 진정한 부자가 되도록 할 것입니다.

40
왕과 함께 하는 청중

"여호와의 이름에 합당한 영광을 그에게 돌릴지어다 예물을 들고 그의 궁정에 들어갈지어다 아름답고 거룩한 것으로 여호와께 예배할지어다 온 땅이여 그 앞에서 떨지어다"(시편 96편 8-9절)

주님의 궁정의 화려함과 영광을 상상해 보십시오! 이사야 6장과 계시록 몇 구절에서도 주님의 보좌가 있는 곳이 어떠한지 얼핏 보았습니다. 그것은 경외로운 광경입니다. 심지어 천사들과 다른 하늘의 존재들조차도 그분의 아름다움에 끊임없이 경외심을 표합니다.

이사야는 스랍들(하나님을 예배하는 일에 집중하는 천사들)이 서로 말하는 소리를 들었습니다.

"거룩하다 거룩하다 거룩하다 만군의 여호와여 그의 영광이 온 땅에 충만하도다 하더라"(이사야 6장 3절)

그들은 경외심과 아주 확신에 차있는 소리로 서로 화답하였는데 그 소리로 말미암아 문지방의 터가 요동하며 성전에 연기가 충만하였다고 했습니다. 심지어 지금의 우리도 그 천국의 찬양에 동참할 수 있습니다.

사도 요한이 밧모 섬에서 환상 가운데 주님을 보았을 때 죽은 듯이 그분의 발 앞에 엎드렸습니다(요한계시록 1장 9절). 그분과 함께 지상에서 3년을 동행했었던 경험이 있은 후였는데도 말입니다. 그러나 환상 중에 부활하신 주님의 영광을 보았습니다. 위의 시편은 주님의 위대함을 선포하며 그분의 이름에 합당한 영광을 돌려야 한다고 말하고 있습니다(8절). 지상에서의 우리의 목소리와 그분의 보좌 앞에 앉은 거룩한 하늘 천사들의 목소리가 섞여 완벽한 조화를 이루는 것을 상상해 보십시오!

죄로 인해 죽었다가 구원받게 된 우리의 목소리는 비록 완벽하지는 않지만 하나님께 매우 특별할 것입니다. 지상에 있는 동안 믿음으로 그분의 궁정에 들어가서 그분의 임재를 경험할 수 있습니다. 예수님께서 우리의 죄를 없애주셨기 때문이지요. 우리는 지금 천국의 찬양에 동참할 수 있습니다. 누가 그러한 영광스러운 순간에 예물을 드릴 생각을 할 수 있을까요? 다윗에 따르면 예물을 들고 그의 궁정에 들어가라고 합니다. 우리의 손에 있는 예물을 들고 아름답고 거룩한 왕께 가까이 나아가라고 말합니다.

"**여호와의 이름에 합당한 영광을 그에게 돌릴지어다 예물을 들고 그의 궁정에 들어갈지어다**"(시편 96편 8절)

41
하나님 앞에 기억하신 바 된 사람

"가이사랴에 고넬료라 하는 사람이 있으니 이달리야 부대라 하는 군대의 백부장이라 그가 경건하여 온 집안과 더불어 하나님을 경외하며 백성을 많이 구제하고 하나님께 항상 기도하더니 하루는 제 구 시쯤 되어 환상 중에 밝히 보매 하나님의 사자가 들어와 이르되 고넬료야 하니 고넬료가 주목하여 보고 두려워 이르되 주여 무슨 일이니이까 천사가 이르되 네 기도와 구제가 하나님 앞에 상달되어 기억하신 바가 되었으니"(사도행전 10장 1-4절)

기억이라는 것은 특별한 사람이나 사건을 기념하는 것입니다. 인상적인 기념비는 위대한 사람들의 업적을 상기시키기 위해 여러 세대에 걸쳐 건립됩니다. 기념비에는 우리가 절대 잊지 말아야 할 고무적인 이야기들이 있습니다. 우리의 기도와 나눔은 우리를 기념하도록 주님 앞에 기념비를 세우는 것입니다.

고넬료는 로마 군인으로서 이스라엘을 무력으로 점령하도록 세워진 장관입니다. 두말할 필요도 없이 로마 군인들은 유대인에게 인기가 없었습니다.

우선 이방인이었고, 특히 그들을 지배하는 사람들이었기에 존중받지 못했습니다. 게다가 유대인들은 이방인의 집에 들어가는 것이 금지되어 있었습니다(사도행전 10장 28절 참조). 고넬료는 이방인이었으나 하나님을 믿고 기도했습니다. 또한 그의 '기도와 구제가 하나님 앞에 상달되어 기억하신 바' 되었습니다. 그는 하나님 앞에 기억된 바 된 줄도 모르고 있었습니다. 그것은 곧 하나님은 그를 잊지 않으셨고 그의 이름을 하나님 앞에 항상 두셨다는 의미입니다.

하나님 앞에서 그의 이름이 기억되기를 바라지 않을 자 누가 있을까요? 모든 사람이 바라는 가장 위대한 영광이 될 것입니다.

우리의 기도와 자선은 하나님 앞에서 기념비를 세우는 일이 됩니다. 그분은 우리를 잊지 않으실 것이며 우리의 이름을 아시고 고넬료에게 하셨던 것처럼 우리에게 특별한 방법으로 복을 주실 것입니다.

42

거절된 예물

"각각 그 마음에 정한 대로 할 것이요 인색함으로나 억지로 하지 말지니 하나님은 즐겨 내는 자를 사랑하시느니라"(고린도후서 9장 7절)

하나님은 우리의 예물을 항상 받지는 않습니다. 그분은 창세기 4장 5절에서 가인의 예물을 거절하셨고, 이사야 1장 11-14절에서 이스라엘 백성들의 마음이 그분에게서 떠나 멀리 있었기 때문에 그들이 바치는 예물을 기뻐하지 않는다고 말씀하셨습니다.

그들은 율법에 정해진 대로 예물을 바쳤으나 마음은 하나님으로부터 떠나 있었습니다. 그들은 율법에 따라 예물을 드리면 하나님이 그들에게 복을 주실 것이라는 이기적인 생각으로 드렸습니다. 마음은 없고 형식적으로만 예물을 드렸습니다. 실제로 하나님은 제물을 가져오지 말라고 말씀하셨고 그들의 성회와 분향도 가증하다고 말씀하셨습니다. 가혹한 말처럼 여겨질지라도 하나님은 뇌물을 받지 않으실 뿐 아니라 받으실 수 없고 은혜를 판매용 물건처럼 팔지 않습니다. 그분은 우리의 돈이 필요 없으신 분입니다.

우리는 큰 복을 받은 사람들이므로 나누는 것입니다. 만약 당신이 기쁨으로 나눌 수 없다면 차라리 전혀 나누지 않는 것이 더 낫습니다. 이스라엘 백성들은 마음은 없으나 자신들이 제물을 드리는 행위를 통해 하나님을 조종하여 비를 내려주셔서 농작물을 많이 수확할 수 있는 축복을 달라고 하나님께 강요했습니다.

주님은 그들의 제물보다 그들과 더 친밀한 관계와 사랑을 원하셨으나 그들은 그것을 이해하지 못했던 것입니다. 그들의 마음은 냉담했고 상황은 점점 악화되었습니다. 하나님은 심지어 그들의 기도에 귀 기울이지 않을 것이라고 말씀하셨습니다(이사야 1장 15절).

그들의 눈물과 울음과 탄식이 하나님께 감동을 주지 못하여 다시는 그들의 봉헌물을 돌아보시지 않고 받지도 않을 것이라고 말씀하셨습니다(말라기 2장 13절). 하나님은 우리의 기뻐하는 그 마음을 원하십니다. 교회는 우리의 헌물을 받을지 모르나 주님은 우리의 기뻐하는 그 마음을 열납하십니다.

누군가 필요하다고 해서 나누려고 하지 말고 마음의 결정에 따라 나누십시오. 만약 우리가 기쁨으로 줄 수 없다면 나누지 않는 것이 차라리 낫습니다.

43

정직하게 드리기

"아나니아라 하는 사람이 그의 아내 삽비라와 더불어 소유를 팔아 그 값에서 얼마를 감추매 그 아내도 알더라 얼마만 가져다가 사도들의 발 앞에 두니"(사도행전 5장 1-2절)

아나니아와 삽비라는 헌금한 그 돈이 땅을 판 수익금의 일부가 아니라 전부라고 거짓말을 한 것 외에는 훌륭했습니다. 그들이 가진 모든 것을 교회에 바치라고 아무도 말하지 않았으며 그렇게 하라고 요구하는 법도 전혀 없었습니다. 무슨 이유인지 모르지만 그 당시에는 자기의 소유를 팔아 교회에 바치는 것이 흔했습니다. 그러나 얼마를 헌금할지 결정하는 것은 여전히 그들의 특권이었습니다. 그들은 헌금한 액수가 아니라 거짓말을 한 것이 잘못이었습니다. 십일조를 드릴 때 하나님 앞에 정직해야 합니다.

거짓말의 대가는 그들의 목숨이었습니다. 그 당시 교회는 순수했고 이들 두 사람의 사례에서 본 것처럼 죄의 형태가 어떠하든 상관없이 죄를 공동체 속으로 가져오는 것은 위험했습니다. 만약 그것에 대해 정직했었다면 그들은 온전한 삶을 살았을 것이고 주님께로부터 보상을 받을 수 있었을 것입니다. 하나님께 대한 우리의 마음 상태를 다시 한번 살펴봅시다. 아나니아와 삽비라는 교회에 대해서 거짓말을 한다고 생각했지만 사실 그들은 거룩한 성령님께 거짓말을 한 것이었습니다.

"땅이 그대로 있을 때에는 네 땅이 아니며 판 후에도 네 마음대로 할 수가 없더냐 어찌하여 이 일을 네 마음에 두었느냐 사람에게 거짓말한 것이 아니요 하나님께로다"(사도행전 5장 4절)

오늘날의 관점에서 보자면 작은 죄에 대한 너무 가혹한 처벌처럼 보입니다. 그러나 하나님은 다른 시각에서 보십니다. 우리는 십일조를 드릴 때 하나님 앞에 정직해야 합니다. 일부분이 아니라 온전한 십일조가 되어야 합니다. 만약 온전한 십일조가 아니라면 십일조라고 부르지 말아야 합니다. 우리는 모든 일에서 하나님 앞에 정직하게 행함으로 교회가 순수함을 유지할 수 있도록 해야 합니다.

주는 자와 받는 자

"삭개오가 서서 주께 여짜오되 주여 보시옵소서 내 소유의 절반을 가난한 자들에게 주겠사오며 만일 누구의 것을 속여 빼앗은 일이 있으면 네 갑절이나 갚겠나이다"(누가복음 19장 8절)

한 번은 어떤 사람이 말하기를 "아기가 태어날 때 주먹을 쥐고 있지만 사람이 다시 태어나면 그의 주먹이 펴진다"고 했습니다. 우리가 무언가를 드릴 때 어찌되었든 이런 일이 일어나는 것처럼 보입니다.

"땅이 그대로 있을 때에는 네 땅이 아니며 판 후에도 네 마음대로 할 수가 없더냐 어찌하여 이 일을 네 마음에 두었느냐 사람에게 거짓말한 것이 아니요 하나님께로다"(사도행전 5장 4절)

오늘날의 관점에서 보자면 작은 죄에 대한 너무 가혹한 처벌처럼 보입니다. 그러나 하나님은 다른 시각에서 보십니다. 우리는 십일조를 드릴 때 하나님 앞에 정직해야 합니다. 일부분이 아니라 온전한 십일조가 되어야 합니다. 만약 온전한 십일조가 아니라면 십일조라고 부르지 말아야 합니다. 우리는 모든 일에서 하나님 앞에 정직하게 행함으로 교회가 순수함을 유지할 수 있도록 해야 합니다.

주는 자와 받는 자

"삭개오가 서서 주께 여짜오되 주여 보시옵소서 내 소유의 절반을 가난한 자들에게 주겠사오며 만일 누구의 것을 속여 빼앗은 일이 있으면 네 갑절이나 갚겠나이다"(누가복음 19장 8절)

한 번은 어떤 사람이 말하기를 "아기가 태어날 때 주먹을 쥐고 있지만 사람이 다시 태어나면 그의 주먹이 펴진다"고 했습니다. 우리가 무언가를 드릴 때 어찌되었든 이런 일이 일어나는 것처럼 보입니다.

우리의 눈으로 보는 것이 우리가 가진 전부라면 어떤 부분을 나누는 것이 때론 비상식적인 것처럼 보일 수도 있습니다. 만약 우리의 소망이 그리스도에게 있지 않다면 우리가 실제적으로 소유한 그것이 우리의 모든 것을 의미할 것입니다. 그러나 주님을 만난 사람은 '받는 자'에서 '주는 자'로 바뀔 것입니다.

삭개오는 세금을 징수하는 일을 하는 운 좋은 세리였고, 납세자의 돈을 자기 주머니에 챙길 수 있는 기회도 가졌습니다. 돈을 사랑했던 그는 세금을 내러 오는 사람들의 돈을 탈취하던 중 예수님을 볼 수 있는 기회를 갖게 되었습니다. 그는 키가 작은 사람이어서 나무 위로 올라가야만 지나가는 예수님을 볼 수 있었습니다. 예수님은 나무 위를 보시고 그를 부르시며 내려오라고 하셨고 그날 삭개오의 집에 머무를 것이라고 말씀하셨습니다. 그 만남을 통해 삭개오의 삶은 변화되었고 돈에 대한 욕망은 치유되었습니다.

"예수께서 이르시되 오늘 구원이 이 집에 이르렀으니 이 사람도 아브라함의 자손임이로다"(누가복음 19장 9절)

삭개오의 모든 삶이 하루 아침에 변화되었습니다. 그리고 갑자기 그의 손이 열리면서 그가 취했던 것보다 네 배를 갚겠다고 했습니다. 게다가 그가 소유한 것 절반을 가난한 자에게 주겠다고 맹세하였습니다. 삭개오는 주님과의 한 번의 만남으로 받는 자에서 주는 자로 바뀌게 되었습니다. 우리가 아는 한 예수님은 삭개오에게 돈에 대해 전혀 말씀하신 적이 없는데도 말입니다.

삭개오가 주님을 만났을 때 돈은 그 매력을 잃어버리고 말았습니다. 그는 돈으로 살 수 있는 그 어떤 것보다 자신의 삶을 풍성하게 해주실 수 있는 분을 만났기 때문입니다. 그렇다면 당신은 진정한 풍요를 만났습니까?

45

여호와 이레
"주님이 준비하실 것입니다"

"믿음으로 아브라함은 부르심을 받았을 때에 순종하여 장래의 유업으로 받을 땅에 나아갈새 갈 바를 알지 못하고 나아갔으며 믿음으로 그가 이방의 땅에 있는 것 같이 약속의 땅에 거류하여 동일한 약속을 유업으로 함께 받은 이삭 및 야곱과 더불어 장막에 거하였으니"(히브리서 11장 8-9절)

아브라함은 하나님의 마음에 매우 특별한 사람으로 자리를 잡게 되었고 성경에서 '믿음의 장'(히브리서 11장 참조)에 '모든 믿는 자의 조상'(로마서 4장 11절)으로서 시험을 받았을 때 하나님과 동행함으로 통과하게 되었습니다. 가장 험난한 시험은 하나님께서 모리아산에서 이삭을 제물로 바치라고 말씀하실 때였습니다(창세기 22장 1-2 참조). 아브라함은 그 문제에 대해 주님께 토를 달지 않고 주님이 명령하신 대로 따랐습니다. 하나님을 믿는 그의 믿음은 아주 강해서 하나님이 죽음에서 그의 아들을 충분히 살릴 수 있을 것이라고 믿었습니다(히브리서 11장 19절).

만약 당신이 그분을 '주님은 예비해 주시는 분이시다'는 사실을 믿는다면 그분이 당신에게 영감을 주시는 대로 자유롭게 드릴 수 있을 것입니다.

"사자가 이르시되 그 아이에게 네 손을 대지 말라 그에게 아무 일도 하지 말라 네가 네 아들 네 독자까지도 내게 아끼지 아니하였으니 내가 이제야 네가 하나님을 경외하는 줄을 아노라"(창세기 22장 12절)

아브라함이 이삭을 죽이려고 칼을 든 손을 뻗었을 바로 그때 주님의 천사가 그를 멈추시고 수풀에 뿔이 걸린 숫양을 보여주셔서 그 양을 아들 대신 제물로 드렸습니다. 아브라함은 하나님으로부터 약속받은 사랑하는 그의 유일한 아들까지 기꺼이 드렸습니다.

이제 우리는 아브라함이 그 당시에 모르던 것을 알고 있습니다. 즉 하나님은 죄의 속박에서 세상을 구원하시기 위해 그의 독생자를 기꺼이 주셨다는 것을 알고 있습니다. 아브라함이 그가 가진 가장 귀한 선물을 하나님께 드리는 시험을 통과하였을 때 하나님은 신선하고 새로운 이름으로 그리고 새로운 방법으로 자신을 나타내셨습니다.

여호와 이레 '주님이 준비하실 것이다.'

그날 이후 아브라함은 주님이 그의 공급자이심을 알았습니다.

오늘날에도 그분은 여전히 여호와 이레의 하나님이십니다. 만약 우리가 그분을 '여호와 이레'로 알고 있다면 그분이 우리에게 영감을 주실 때 어떤 것이라도 바닥날 것을 두려워하지 않고 자유롭게 드릴 수 있을 것입니다. 아브라함이 가진 그 믿음의 단계는 예수님에 대한 하나님의 새로운 계시를 보여주신 것입니다.

46

하나님은 주시는 분이시다…. 그러나 또 취하시는 분이실까?

"이르되 내가 모태에서 알몸으로 나왔사온즉 또한 알몸이 그리로 돌아가올지라 주신 이도 여호와시요 거두신 이도 여호와시오니 여호와의 이름이 찬송을 받으실지니이다 하고"(욥기 1장 21절)

이 구절은 성경에서 가장 잘 알려진 구절 중 하나인데 특히 비뚤어진 시각을 가진 사람들로 인해 하나님의 이미지가 왜곡되어진 구절이기도 합니다. 만약 그분이 우리에게 있는 소중한 것을 빼앗아간다면 누가 하나님을 신뢰하겠습니까? 욥의 것을 가져간 것은 하나님이 아니라 사탄이었습니다. 이 이야기에 덧붙이자면 욥이 이 말을 했을 때 그는 자신이 무슨 말을 하고 있는지 몰랐습니다.

그래서 책을 다 읽은 후 마음을 결정하는 것이 현명합니다. 이 한 구절은 잘못된 교리의 근간이 되었습니다. 매일 어디서나 장례식을 할 때 인용되어지고 있습니다. 많은 교회에서 노래로 불리며 고무시키고 있고 전세계 수많은 성도들과 죄인들의 마음속에 하나님의 성품에 대해 왜곡된 인식을 갖게 만들고 있습니다. 욥의 것을 가져간 것은 하나님이 아니라 당연히 사탄이었습니다. 요한복음 10장 10절에 의하면 사탄은 도둑이며 파괴자이고 살인자입니다.

그런 모든 어려운 시기 가운데서도 욥은 불평

하지 않는 삶을 살았습니다. 그는 누구에게도 휘둘리지 않으려고 했습니다. 그는 하나님이 어딘가에 계시다는 것과 그를 도와주시고 구원해 주실 것이라고 알고 있었습니다. 그는 자신의 삶에 무슨 일이 일어나고 있는지 전혀 이해할 수 없었지만 하나님이 어떤 분인지 이해했기에 계속해서 그분을 신뢰하였습니다. 결국 욥은 처음보다 훨씬 더 지혜로워졌고 더 많은 축복을 받았으며 하나님이 어떤 분인지 우리에게 더 많이 드러내 주었습니다.

"주께서는 못 하실 일이 없사오며 무슨 계획이든지 못 이루실 것이 없는 줄 아오니 무지한 말로 이치를 가리는 자가 누구니이까 나는 깨닫지도 못한 일을 말하였고 스스로 알 수도 없고 헤아리기도 어려운 일을 말하였나이다"(욥기 42장 2-3절)

47
왕을 공경하기 위해

"헤롯 왕 때에 예수께서 유대 베들레헴에서 나시매 동방으로부터 박사들이 예루살렘에 이르러 말하되… 그들이 별을 보고 매우 크게 기뻐하고 기뻐하더라 집에 들어가 아기와 그의 어머니 마리아가 함께 있는 것을 보고 엎드려 아기께 경배하고 보배합을 열어 황금과 유향과 몰약을 예물로 드리니라"(마태복음 2장 1절, 10-11절)

하늘의 특별한 별을 보고 위대한 유대인 왕이 탄생할 것을 알고 아기 예수님께 선물을 가져온 박사들이 비유대인 점성가라고 일부 학자들은 믿습니다. 박사들은 왕에게 가서 경배하고 왕에게 맞는 선물을 가져가는 것이 적절하다고 결정했습니다. 왕을 만나러 갈 때 빈손으로 가는 법이 없기 때문입니다. 심지어 왕족인 스바 여왕이 솔로몬 왕을 만나러 갔을 때도 선물을 가지고 갔습니다.

> "스바 여왕이 솔로몬의 명성을 듣고 와서 어려운 질문으로 솔로몬을 시험하고자 하여 예루살렘에 이르니 매우 많은 시종들을 거느리고 향품과 많은 금과 보석을 낙타에 실었더라 그가 솔로몬에게 나아와 자기 마음에 있는 것을 다 말하매"(역대하 9장 1절)

오늘날까지 전 세계적으로 이 지혜로운 사람들의 선물이 크리스마스 전통의 시작이 되었습니다. 크리스마스 선물을 하려고 할 때 선물 줄 사람의 목록 맨 위에 주님이 계시도록 하십시오.

48
그분에게 초점 맞추기

"마리아는 지극히 비싼 향유 곧 순전한 나드 한 근을 가져다가 예수의 발에 붓고 자기 머리털로 그의 발을 닦으니 향유 냄새가 집에 가득하더라"(요한복음 12장 3절)

예수님은 지상 사역의 시작과 마지막 부분에 매우 비싼 선물을 받았습니다. 그분이 탄생하실 때 동방 박사들이 황금, 유향, 몰약을 선물로 드렸습니다. 십자가에 매달리시기 직전에 마리아는 아주 비싼 향유(스파이크 나드 기름)를 가져와서 그의 발에 부었습니다. 스파이크 나드는 중국, 인도 그리고 네팔의 히말리야 산에서 자라는 꽃 식물입니다. 스파이크 나드의 줄기와 뿌리를 으깬 다음 수증기 증류법으로 추출하여 향수, 향, 진정제 등의 아로마 에센셜 오일을 만들어 사용하고 불면증, 난산 그리고 기타 경미한 질병을 치료하는 허브 약재로도 사용합니다. 의심할 여지없이 아주 특별한 식물입니다.

"이 향유를 어찌하여 삼백 데나리온에 팔아 가난한 자들에게 주지 아니하였느냐 하니"(요한복음 12장 5절)

마리아의 예배는 비싼 대가를 치렀으나 재물을 허비한 것이 아니었습니다. 그녀가 그분께 향유를 부었을 때 가룟 유다는 즉시 비판하기 시작했습니다. 그 향유의 가치는 노동자의 1년 월급과 맞먹는 금액이었기 때문입니다. 그러나 유다는 가난한 사람을 생각해서 그런 것이 아니었습니다.

"이렇게 말함은 가난한 자들을 생각함이 아니요 그는

도둑이라 돈궤를 맡고 거기 넣는 것을 훔쳐 감이러라"(요한복음 12장 6절)

  주님에 대한 그녀의 경배로 그 집은 사랑스러운 향기로 가득 채워졌고 모두 그 축복을 함께 나누었습니다. 그녀가 그 집을 떠났을 때 예수님께 드린 것과 똑같은 향기를 가지고 있었습니다. 그분께만 아니라 그녀에게도 영광스러운 예배 경험이었습니다. 주님께 드리는 행위를 통해 유다의 악한 마음도 밝혀졌을 뿐 아니라 그녀의 마음까지도 드러나게 되었습니다. 그녀가 그분께 드린 예물은 이미 오래전에 사라졌지만 그녀의 예배 이야기는 여전히 남아있습니다.

49

진정한 부자

"또한 제자들에게 이르시되 어떤 부자에게 청지기가 있는데 그가 주인의 소유를 낭비한다는 말이 그 주인에게 들린지라 주인이 그를 불러 이르되 내가 네게 대하여 들은 이 말이 어찌 됨이냐 네가 보던 일을 셈하라 청지기 직무를 계속하지 못하리라 하니 청지기가 속으로 이르되 주인이 내 직분을 빼앗으니 내가 무엇을 할까 땅을 파자니 힘이 없고 빌어 먹자니 부끄럽구나 내가 할 일을 알았도다 이렇게 하면 직분을 빼앗긴 후에 사람들이 나를 자기 집으로 영접하리라 하고 주인에게 빚진 자를 일일이 불러다가 먼저 온

자에게 이르되 네가 내 주인에게 얼마나 빚졌느냐 말하되 기름 백 말이니이다 이르되 여기 네 증서를 가지고 빨리 앉아 오십이라 쓰라 하고 또 다른 이에게 이르되 너는 얼마나 빚졌느냐 이르되 밀 백 석이니이다 이르되 여기 네 증서를 가지고 팔십이라 쓰라 하였는지라 주인이 이 옳지 않은 청지기가 일을 지혜 있게 하였으므로 칭찬하였으니 이 세대의 아들들이 자기 시대에 있어서는 빛의 아들들보다 더 지혜로움이니라"(누가복음 16장 1-8절)

"지극히 작은 것에 충성된 자는 큰 것에도 충성되고 지극히 작은 것에 불의한 자는 큰 것에도 불의하니라 너희가 만일 불의한 재물에도 충성하지 아니하면 누가 참된 것으로 너희에게 맡기겠느냐 너희가 만일 남의 것에 충성하지 아니하면 누가 너희의 것을 너희에게 주겠느냐"(누가복음 16장 10-12절)

이 비유에 나오는 청지기는 자신이 저지른 일

즉 받아야할 대가보다 더 많은 이익을 착취했던 사실이 밝혀질 위기에 처하게 되었습니다. 그는 특권을 남용했던 것이 분명해 보입니다. 그는 자신의 호화로운 생활 방식이 막바지에 다다랐다는 것을 깨닫자 자신의 미래를 돌볼 수 있는 방법을 찾아냈습니다.

그는 재빨리 주인의 모든 채무자에게 가서 그가 해고당했을 때, 그들의 집으로 자신을 데려가 은혜를 베풀어 주기를 바라는 마음으로 그들의 빚을 줄여주는 호의를 베풀었습니다. 그는 처음에는 '돈을 위해' 일을 했으나 나중에는 돈이 '그를 위해' 일을 하게 만들었습니다. 계획했던 것과 달리 예상 외로 그의 주인은 그의 기민함에 대해 칭찬했습니다.

우리는 맘몬을 위해 일하지 말고 지혜로워져야 합니다. 맘몬이 우리를 위해 일하게 해야 합니다.

왜냐하면 그는 자신을 돌보는 방법을 알고 있었기 때문입니다. 세상 물정에 밝은 사람들은 법을 준수하는 시민보다 이런 점에서 더 현명합니다. 그들은 깨어서 끊임없이 도와줄 자를 찾고 지혜롭게 살아남습니다.

나는 우리도 이런 식으로 옳은 일을 위해 현명해지기를 원합니다. 우리는 깨어서 창의적으로 생존하고 또 본질에 집중하도록 모든 역경을 사용해야 합니다. 그러면 우리는 살게 될 것이며 그저 좋은 행동을 하는 것으로 만족하지 않고 진정으로 살 수 있을 것입니다.

"주인이 이 옳지 않은 청지기가 일을 지혜 있게 하였으므로 칭찬하였으니 이 세대의 아들들이 자기 시대에 있어서는 빛의 아들들보다 더 지혜로움이니라 내가 너희에게 말하노니 불의의 재물로 친구를 사귀라 그리하면 그 재물이 없어질 때에 그들이 너희를 영주

할 처소로 영접하리라"(누가복음 16장 8-9절)

이 청지기는 방탕한 생활방식과 그의 주인을 동시에 섬기려고 할 때 어려움에 빠지게 되었습니다. 그러나 마음속으로는 오직 자기 자신에게만 충실했던 것입니다.

부귀에는 오직 두 종류가 있습니다. 지상에서의 일시적인 화려함은 곧 사라질 것이나 주님을 기쁘시게 하기 위해 살았던 신실한 삶에 대한 보상은 풍성해질 것입니다.

50
흩어 구제하여도 더욱 부하게 되는 것

"흩어 구제하여도 더욱 부하게 되는 일이 있나니 과도히 아껴도 가난하게 될 뿐이니라 구제를 좋아하는 자는 풍족하여질 것이요 남을 윤택하게 하는 자는 자기도 윤택하여지리라"(잠언 11장 24-25절)

하나님의 방법은 처음부터 끝까지 절대 변하지 않습니다. 만약 당신이 받기를 원한다면 당신은 반드시 먼저 주어야 합니다. 이것은 육적인 방법과는 정면으로 대치되는 방법입니다. 그래서 많은 사람들이 이 기본적인 원칙에 어긋나게 살아 갑니다. 하나님의 생각이 무엇인지 알 수 있는 말씀을 참조하십시오.

"이는 내 생각이 너희의 생각과 다르며 내 길은 너희의 길과 다름이니라 여호와의 말씀이니라 이는 하늘이 땅보다 높음 같이 내 길은 너희의 길보다 높으며 내 생각은 너희의 생각보다 높음이니라 이는 비와 눈이 하늘로부터 내려서 그리로 되돌아가지 아니하고 땅을 적셔서 소출이 나게 하며 싹이 나게 하여 파종하는 자에게는 종자를 주며 먹는 자에게는 양식을 줌과 같이 내 입에서 나가는 말도 이와 같이 헛되이 내게로 되돌아오지 아니하고 나의 기뻐하는 뜻을 이루며 내가 보낸 일에 형통함이니라"(이사야 55장 8-11절)

"복음에는 하나님의 의가 나타나서 믿음으로 믿음에 이르게 하나니 기록된 바 오직 의인은 믿음으로 말미암아 살리라 함과 같으니라"(로마서 1장 17절)

로마서 1장 17절에 따르면 "… 의인은 믿음으로 말미암아 살리라…"와 같이 믿음의 삶으로 한 걸음 떼기를 바라는 사람에게는 하나님께서 준비하신 놀랍고 새로운 모험이 기다리고 있을 것입니다. 만약 우리가 믿음으로 나누는 것이 어렵다면 차라리 나누지 않는 것이 낫습니다.

나는 종종 믿는 자들로부터 성경과 현실을 분리할 필요가 있다는 말을 듣습니다. 성경은 하나님의 실재이며 성경은 하나님의 선하심을 우리의 삶에서 증거하기를 원하신다고 나는 믿어왔습니다. 그분의 방법은 우리 자신의 힘보다 훨씬 우월합니다. 만약 그것이 가능하지 않다면 성경에 있는 모든 것들은 단지 우화에 불과할 뿐일 것입니다. 우리는 세상 체제의 현실을 믿는 사람이거나, 말씀의 실재를 믿는 사람이거나 둘 중 하나입니다.

한 기독교 지도자는 자신이 발견한 한 상황에 대해 내게 의견을 물었습니다. 그는 경제적으로 어려운 처지에 놓이게 되었고 그의 문제가 해결될 때까지 십일조를 하지 않아도 괜찮은지 알고 싶어했습니다.

나는 그의 상황에 몹시 안타까웠지만 성경 말씀과 상반되는 조언은 하지 않았습니다. 그는 합리적인 해결책이라고 생각되는 것을 찾고 있었지만, 그런 방법은 그의 신앙이 쓸모없는 것처럼 만들었을 것이고, 또 인간의 지혜를 하나님보다 더 높은 수준에 있는 것처럼 만들어 버리게 될 것입니다. 내가 이해한 하나님의 지혜는 이렇습니다. 우리는 자신을 곤경에서 벗어나게 할 수 있을지 몰라도 믿음으로 사는 것은 아닐 것입니다.

51
하나님을 시험하라

"만군의 여호와가 이르노라 너희의 온전한 십일조를 창고에 들여 나의 집에 양식이 있게 하고 그것으로 나를 시험하여 내가 하늘 문을 열고 너희에게 복을 쌓을 곳이 없도록 붓지 아니하나 보라"(말라기 3장 10절)

나는 하나님이 시험하는 장으로 인간을 초대하는 유일한 곳이 '돈'이라고 생각합니다. 그분은 말라기 이 구절에서 그분의 진심을 나타내셨습니다. 우리의 드리는 마음을 그분이 중요하게 여기신다는 사실을 보여줍니다. 그것은 또한 우리에게 풍성한 축복을 부어주시기를 원한다는 사실도 말해주고 있습니다. 돈과 관련된 문제가 있을 때 주님을 시험하는 방법에는 두 가지가 있습니다. 그분이 행하겠다고 말씀하신 것을 행하는지 증명하는 방법이 있고, 다른 하나는 약속하신 것을 그분이 행하지 않는다는 것을 증명하는 방법이 있습니다.

어떤 사람들은 십일조가 효과가 없다고 말했습니다. 그들은 십일조를 했으나 십일조를 하기 전보다 상황이 더 악화되었다고 했습니다. 그들은 십일조가 효과가 없었다는 것을 스스로에게 증명했다고 느꼈을 것입니다. 교회를 위해서 했던 헌금과 신앙 이야기가 쓸데없다고 했을 것입니다. 그러나 십일조를 시작했을 때 그들의 재정 상태가 어떻게 변했는지에 대해 또 다른 간증을 전하는 사람들도 있었습니다. 그들은 주님은 약속한 일에 대해 신실하게 지키신다는 것을 증명했습니다. 우리도 우리의 재정으로 주님을 시험할 수 있지만 우리의 믿음이 곧 그 결과를 말해줄 것입니다.

"거기서 너희 열조가 나를 시험하여 증험하고 사십 년 동안 나의 행사를 보았느니라"(히브리서 3장 9절 참조)

모세가 가나안에 보낸 정탐꾼 열 명은 약속된 땅을 차지할 수 없다고 믿었고, 결국 그들의 말대로 되었습니다. 그들 중 두 명은 약속의 땅을 차지 할 수 있다고 믿었고, 역시 그들의 말대로 되었습니다. 이것은 우리가 믿는 것을 우리가 얻을 수 있다는 것을 보여주는 사례입니다.

만약 십일조와 헌물로 주님을 공경하는 것이 우리에게 축복을 가져다줄 것이라고 믿는다면 그렇게 될 것입니다. 반면에 그것이 효과가 없을 것이라고 믿는다면 역시 믿음대로 효과가 없을 것입니다. 우리는 재물로 주님을 시험할 수 있지만 우리의 믿음이 이미 결과를 말해줄 것입니다.

52

사람으로부터 받는 보상과 하나님으로부터 받는 보상

"사람에게 보이려고 그들 앞에서 너희 의를 행하지 않도록 주의하라 그리하지 아니하면 하늘에 계신 너희 아버지께 상을 받지 못하느니라 그러므로 구제할 때에 외식하는 자가 사람에게서 영광을 받으려고 회당과 거리에서 하는 것 같이 너희 앞에 나팔을 불지 말라 진실로 너희에게 이르노니 그들은 자기 상을 이미 받았느니라 너는 구제할 때에 오른손이 하는 것을 왼손이 모르게 하여 네 구제함을 은밀하게 하라 은밀한 중에 보시는 너의 아버지께서 갚으시리라"(마태복음 6장 1-4절)

모든 것은 보이는 것과 보이지 않는 것, 자연적인 것과 영적인 것, 두 가지 그림을 가지고 있습니다. 누구나 볼 수 있는 부분이 있고 오직 하나님만 볼 수 있는 부분이 있는데, 사람들이 볼 수 없는 것으로 다른 이에게 영감을 주기도 하며 또한 다른 방식으로 하나님의 마음을 감동시키기도 합니다.

위의 구절에서 예수님이 말씀하신 것이 바로 이런 부분입니다. 우리는 인간의 영광을 위해 일할 수도 있고 하나님께서 주시는 보상을 위해 일할 수도 있습니다. 예수님은 우리가 칭찬받을 만한 일을 할 때, 우리에게 박수를 보낼 수 있을 것 같은 사람을 감동시키기 위해 일하지 말라고 하셨습니다. 그것이 우리가 받을 수 있는 유일한 보상이 될 수 있기 때문입니다.

어떤 사람들은 다른 사람들에게 인정받는데 중독이 되어 있습니다. 그들은 인정을 받기 위해 무엇이든 할 것입니다. 그들은 나눔을 할 때, 다른 사람을 돕고 있는 것보다 자기 자신에게 더 많은 신경을 씁니다. 인간의 칭찬은 하나님이 할 수 있는 보상에 비하면 보잘 것이 없습니다.

여기서 믿음은 아주 미묘한 역할을 합니다. 사람들로부터 오는 칭송을 위해 일할 수도 있고 하나님의 보상을 위해 일할 수도 있습니다. 자선을 베풀 때 우리는 할 수 있는 만큼만 하면 됩니다. 대신 **주님께 하듯** 해야 합니다. 다른 사람과 비교하기 위한 마음으로 광고하지 말아야 합니다. 은밀히 보시는 하늘 아버지께서 대놓고 보상하실 것이며 그 어떤 인간이 우리를 위해 할 수 있는 것보다 훨씬 많이 보상하실 것입니다.

"무슨 일을 하든지 마음을 다하여 주께 하듯 하고 사람에게 하듯 하지 말라"(골로새서 3장 23절)

글을 마치며

작은 교회들은 보통 큰일을 할 수 있습니다. 사람들이 대개 그 말씀의 원리를 받아들이고 자신들의 삶에서 믿음으로 적용할 때 인간의 노력을 통해 할 수 있는 것보다 훨씬 위대한 일을 할 수 있습니다. 하나님은 목적을 달성하시기 위해 굳이 많은 사람을 사용하시는 것이 아니라 항상 믿음 있는 사람을 찾으십니다.

교회들이 교인 수를 늘리기 위해 말씀의 기준을 타협하는 일을 보는 것은 참으로 서글픈 일입니다. 그 숫자는 기껏해야 성공한 겉모습만을 보여줄 뿐입니다. 많은 인원수로 하나님을 감동시키는 것이 아니라 신실한 믿음이 하나님의 마음을 움직입니다.

성공이란 하나님의 뜻을 행하는 것입니다. 우

리 모두가 해야 할 일은 말씀의 단순한 원리를 바로 가르치는 것입니다. 말씀은 그 씨앗이 믿음이 신실한 비옥한 땅에 떨어질 때 열매를 맺는다고 가르치고 있습니다. 왜냐하면 하나님은 그 씨앗을 결코 공수표로 돌려보내지 않기 때문입니다.

돈은 비전을 따라갑니다. 모든 믿는 자는 자신의 삶이 주님께 영광을 돌릴 수 있는 비전의 일부가 되기를 원합니다. 교회의 비전은 말씀으로 주어지는 것이지 세상의 기업으로부터 채택된 화려한 사명 선언문으로부터 오는 것이 아닙니다. 우리가 교회를 위해 주님이 주신 단순한 가르침을 따를 때 우리는 우리의 소명을 완수하기 위해 필요한 것이 무엇인지 알게 될 것입니다. 우리는 전쟁으로 황폐해진 아프리카의 수단처럼, 풍요로운 캐나다에서도 이 원리가 동일하게 작동한다는 것을 알게 되었습니다.

축복받은 교회는 축복된 구성원들로부터 시작되고 축복받은 구성원은 건전한 가르침으로부터 시작됩니다. 모든 민족에게 복음을 전하는 우리의 임무는 크며 하나님의 축복 없이는 전할 수가 없습니다. 우리 자신의 힘이나 예산으로는 이 일을 할 수 없는 것이 너무나 자명한 사실입니다.

여행, 숙박, 자원 등의 비용은 천문학적이지만 모든 믿는 자들이 드리는 자가 된다면 복음은 전해질 수 있습니다. 모든 믿는 자들이 그 일에 공헌할 때 우리는 싸움에서 승리할 수 있고 장애를 극복할 수 있습니다. 그리고 그것은 하나님의 마음을 품고 그분의 생각을 이해하는 것에서부터 시작되며 하나님의 영광으로 이끄는 차원 높은 길을 당신도 걸어갈 수 있게 될 것입니다.

- Johan Du Toit

이 책을 읽고 받은바 은혜나
깨달음이나 기도 제목 또는 감사할 일을 적어 보십시오.

두 자녀를 잘 키운 삼숙씨의 이야기
정삼숙

미국의 예일, 줄리어드, 노스웨스턴, 이스트만, 브룩힐,
한예종, 예원중에서 수석도 하고 장학금과 지원금으로
그동안 10억 여원을 받으며 공부하는 두 아이지만,
그녀는 성품교육을 더 중요시했다.

이제 내가 너를 소유하리라 가라, 니느웨로!
장요나

30여 년간 베트남, 라오스, 캄보디아, 미얀마(비라카미)에서
312여 교회/ 병원 16/ 중학교 1/ 초등학교 2/ 신학교 개척 설립.
6,300여 명의 언청이 무료 시술을 통해 복음을 전파하고 있는
'베트남의 언더우드' 장요나 선교사의 선교 행전!

이너힐링
우광성

온갖 상처와 아픔에 노출되어 온 우리 삶의
모든 부정적인 모습들이 단순한 치유를 넘어
주님 안에서 진정한 자유, 보람, 더 할 나위없는 만족,
그리고 대 감사에 이르게하는 성숙한 삶으로의 초대!

Step-by-Step 성경여행(신·구약)
고은주

성경을 역사적 배경과 연대기적으로 이해하고
성경 66권의 흐름을 한 눈으로 볼 수 있는 책!

전도2관왕 할머니의 전도법
박순자

1년에 젊은이 100여 명을 교회로 인도한
60대 할머니의 전도법과 주님께 받은 축복들!

복음은 쉽고 능력은 크다
정원기

영혼을 깨우고 영혼의 체질을 개선시키는 비결!
"너희 믿음을 시험하고 확증하라"(고후 13:5)
복음 생활인가? 종교 생활인가?

잠언에서 배우는 지혜 12가지
정삼숙

잠언에서 찾은 12가지 지혜 심기!
중·고·대·대학원 수석/장학생으로 키운 엄마의 드림법칙
자녀에게 성경적 지혜를 신앙 유산으로 남겨 주십시오.
자녀는 하나님과 사람들에게 총애받는 인재가 됩니다.

일상생활에서 성령님과 친밀하게 교제하는 비결
해럴드 J. 살라

성령님과 친숙하게 지내는 삶의 비결
오늘 우리의 삶에서 역사하시는
성령님의 인격, 능력, 목적, 사역!

망망한 바다 한가운데서 배 한 척이 침몰하게 되었습니다.
모두들 구명보트에 옮겨 탔지만 한 사람이 보이지 않았습니다.
절박한 표정으로 안절부절 못하던 성난 무리 앞에 급히 달려 나온 그 선원이
꼭 쥐고 있던 손바닥을 펴 보이며 말했습니다.
"모두들 나침반을 잊고 나왔기에… "
분명, 나침반이 없었다면 그들은 끝없이 바다 위를 표류할 수 밖에 없을 것입니다.

우리는 삶의 바다를 항해하는 모든 이들을 위하여
그 나침반의 역할을 하고 싶습니다.
우리를 구원하신 위대한 주 예수 그리스도를 널리 전하고 싶습니다.

"하나님은 모든 사람이 구원을 받으며
진리를 아는 데에 이르기를 원하시느니라"
(디모데전서 2장 4절)

물질의 복을 받는 비결

지은이 | Johan Du Toit
옮긴이 | 구영훈
발행인 | 김용호
발행처 | 나침반출판사

제1판 발행 | 2020년 6월 1일

등 록 | 1980년 3월 18일 / 제 2-32호
본 사 | 07547 서울특별시 강서구 양천로 583
　　　 블루나인 비즈니스센터 B동 1607호
전 화 | 본사 (02) 2279-6321 / 영업부 (031) 932-3205
팩 스 | 본사 (02) 2275-6003 / 영업부 (031) 932-3207
홈 피 | www.nabook.net
이 멜 | nabook365@hanmail.net
일러스트 제공 | 게티이미지뱅크/iStock

ISBN 978-89-318-1598-6
책번호 나-6040

값은 뒷표지에 있습니다.